Puramente casuale

**Racconti e pensieri
di Tommaso Botto**

INDICE

A chi si è presa cura di me

La porta

Sono uscito da una porta, sei mesi fa.
Anzi. I primi tempi stavo sull'uscio, indeciso sulla
direzione da prendere, con un piede di qua e l'altro di
là.Di questi sei mesi ricordo ben poco: qualche sciata,
i bambini che escono da scuola, schegge di incubi,
notturni o diurni, la fissazione di dover vendere la casa
e trasferirsi in montagna.
Avevo da poco smesso di fumare: 25 sigarette al
giorno in meno e crebbero gli incubi.Gli incubi
parlavano di morti, di morti veri, ossia di morti che io
vedevo, annusavo e tastavo come veri.Non è bello
svegliarsi in un letto con un gonfio impiccato che
strabuzza gli occhi o una vecchia che trapassa durante
l'ultimo disumano clistere o un giovanotto con la testa
squarciata dal paraurti di un' auto. Perché l'incubo era
così realistico che iniziai a credere a tutto ciò che la
mia mente produceva.Sicché l'incubo divenne anche
diurno, piangevo per la morte di un figlio, per
l'incidente aereo in cui persero la vita tanti miei amici,
i due esserini che stavano crescendo nel ventre della
madre, mia moglie, persi purtroppo al settimo mese di
gravidanza...

Ci fu anche una fugace capatina a Londra, un processo
a Pechino, un soggiorno a Madrid, anche con un
curioso biplano che atterrò a Torre di Mosto (Tv).
Prima di questo angoscioso lungometraggio mi
nascondevo in qualche lavoro da scribacchino, giusto
per impiegare il tempo,orgogliosamente sollecitato da
alcuni assidui lettori: ma sentivo la tastiera sfuggente,
digitavo diversamente da quel che avrei dovuto urlare.
Uscii con uno struggente "Meglio scrivere che curare":
seguì la mia prima reale ideazione di suicidio, ma non
la urlavo.

Un urlo non ci fu, sino ad un momento cruciale quanto inusuale: salendo con uno skilift nel più bello della natura iniziai ad urlare alla montagna, al cielo, alla neve: "Basta!".

Avevo quasi passato quella porta: dicevo basta al continuo rimuginare ai problemi della vita, di una vita a 100 all'ora! Gente che non paga, lavori che non arrivano, tribunali lenti, denunce a processo, concorsi truccati, farse, ipocrisie ed io in mezzo, a combattere per tentare d'avere finalmente un lavoro serio, tranquillo,.. da anni. Anni che scolpiscono il marmo. Infatti ero così 'tranquillo' che entrai in catalessi: penso che quel pomeriggio mia moglie si sia resa conto che c'era un problema ed i miei piccoli s'impressionarono; ho un rimorso per quelle due ore che tuttora mi brucia.

La porta era ormai spalancata: ci entravo alle tre di notte, ne uscivo alle 10 del mattino, vi rientravo nel pomeriggio e poi ne uscivo alle sette di sera... e chissà che cosa combinavo... non ricordo nulla.
Un uomo di cento chili alto un metro e novanta che scoppia in lacrime da solo alle 9 del mattino....
Ero terrorizzato dall'idea che "ci portassero via bambini". Un angoscioso continuo terrore di perdere i piccoli.
So che ero responsabile di tutto il brutto che ci cascava addosso (che effettivamente portava a situazioni molto pesanti): "Io sono il problema", confidavo a mia moglie, proponendo la mia fine, il mio suicidio, una volta che avessi sistemato i conti di famiglia e garantito qualcosa ai miei figli.
Pensai addirittura all'eventualità di portare verso la fine anche le loro piccole vite: questo non lo ricordo, ero già oltre la porta, mi è stato riferito.

Udito ciò, mia moglie mi portò da una psichiatra.
Ricordo solo la prima visita dalla quale uscii concertato
in quanto venne proposto l'immediato ricovero perché
ero pericoloso in quanto depresso suicida e, in
alternanza, troppo attivo, mentalmente, anche se
"improduttivo".La porta era ben più che attraversata e
mi venne prescritta la prima pastiglia, quella per non
suicidarsi: funziona così, ti annulla le emozioni, ti
livella l'umore e anche il suicidio finisce nel
dimenticatoio delle cose umane. Ma non funzionò: gli
psichiatri vanno a tentoni, le porte sono tante, con
serrature di diverse fatture.
Dopo due mesi di reclusione a suon di farmaci,
pasticche, ed iniezioni, sono uscito dalla porta, da
quella porta, per entrare in questa, che ho aperto da
poco, con 25kg in meno e che non so come sia, di
certo non è la vecchia porta originale.

Qual è la mia porta, adesso?
Resto e sono una bocca da sfamare, economicamente
improduttivo, oramai senza chances con una bolla, un
marchio, un certificato psichiatrico che metterà da
sempre in allerta chi mi proporrà un
lavoro....replicherei che anche Indro Montanelli aveva
aperto quell'altra porta ma al giorno d'oggi... Chi sa
chi era Indro Montanelli?
E chi non ha paura di quella porta?E quanti negano o
sottovalutano quella porta? Sta terminando il
semestre sabbatico, un modo giullaresco per
descrivere un disastro nervoso e terrificante: stimolati
da lettori mai pentiti, da nuovi sostenitori e dalla
nausea generata da pennivendoli e anime timorose del
panorama mediatico (cartaceo, radio e televisivo, on-
line), tra poco torneremo di nuovo a dire la verità,
tutta la verità, null'altro che la verità!
"Meglio scrivere che curare", dicevo più sopra.
Perché o di penna o di tastiera, provo piacere a

scaraventare i pensieri nel classico nero su bianco.
Aiuta ad ordinare le idee, prima di tutto: un buffone,
qualche anno fa, mi scimmiottò perché appuntavo su
un taccuino quel che si raccontava durante un noioso
convegno, uno di quelli dove politica ed economia si
intrecciano in qualcosa che si sa già non porterà a
nulla di buono.
Il fesso voleva che ostentassi un microfono e che
intanto, durante la moribonda tavola rotonda, facessi
altro su internet. Si masturbava mentalmente con la
sua tanto amata "portabilità".

Replicai secco: "Scrivendo, ho già studiato".
Eh, sì: scrivendo si agganciano alla memoria i
concetti, restano lì, addirittura, se nuovamente
stimolati, in eterno. L'ebete non capì e seguitò a
firmare le sue e-mail che tutti dimenticarono con un
arido "inviato con il mio black-berry".

Ma poi scrivere è un prodigioso ansiolitico: che schifo
che fa, a volte, questo mondo, che patetico quel tale,
che imbrogliona quella donnaccia, che burocrate quel
magistrato...
Ma quando l'ansia sormonta lo scrivere, allora è
grave.Che ansia muoversi in questo mondo!
Via! Un breve resoconto, pungente e sardonico, nero
su bianco, e la verità trionfa, facendo passare il
magone.Non solo è antidepressiva, la scrittura, questa
magia che solo un animale di tutto il Creato ha voluto,
saputo, dovuto inventare.
Qualcosa è troppo bello per essere vero?
A pensarci pare incredibile.

Un raccontino divertente, qualche spiritosaggine,
qualche battuta tirata fuori da vecchi cassetti del
cervello, e la scrittura, magicamente, ti fa ridere da
solo: ti immagini il lettore che ride con te e l'aura

magica del buon umore si diffonde, allietando la vita.
Vita che è bella: altrimenti, non la scriverei.

E mi sto così salvando, compresi i miei piccoli, a
Londra non vado, nemmeno penso più al tribunale di
Pechino...

Sei in un Paese Meraviglioso

DALL'ESTREMO SUD VERSO IL NORD UN'ITALIA VERAMENTE IN SALITA...

La vita porta spesso su strani percorsi che, in Italia, sono sovente pieni di ostacoli: è il caso delle nostre infrastrutture stradali, delle nostre cosiddette "autostrade".
Sulle quali autostrade, che dovrebbero collegare in modo comodo e veloce i tanti lembi dello stivale (e di quelle isole che stanno fuori dalla Penisola), campeggiano da qualche tempo alcuni tabelloni di promozione turistica, con sopra scritto: "Sei in un Paese meraviglioso".
Si, l'Italia è una meraviglia: lascia a bocca aperta chiunque la percorri.
Dicevo all'inizio: strani percorsi. Avete mai preso l'auto per andare dalle isole Egadi a Bastia Umbra, andata e ritorno?
Quei 2.500 km in 40 ore, giusto per dare qualche cifra?
Ebbene, è fattibile ma probabilmente è per pochi eletti.
C'è una prima nave da prendere: 44€ per otto miglia e 50 minuti di navigazione. Sicuramente è cara ma un residente paga meno di 7€.

Poi si sbarca a Trapani e si intraprende l'autostrada. Qui inizia l'Italia vera e propria: c'è una prima interruzione della via maestra, con una deviazione in mezzo a sobborghi e campagne che fa perdere tempo (circa 20 minuti) e pazienza, soprattutto se i carabinieri in motocicletta fermano una bella donna per darle la multa proprio in corrispondenza d'un semaforo, occupando la corsia intera.
Si entra finalmente in autostrada e qui il percorso è

ameno, buche permettendo, per qualche manciata di chilometri: a Segesta, c'è il primo scambio di carreggiata di questo lungo e accidentato viaggio. Sotto le pale eoliche che girano irrefrenabili, a destra un tempio greco dorme in mezzo al verde e, poco prima di un tunnel, la segnaletica spicciola ti infila nella galleria opposta, buia buia, con dei paletti flessibili e catarifrangenti a separarti dalle auto che corrono in direzione opposta.
Qui si scopre che il ritardo infrastrutturale è genetico: anche il tempio greco, come l'autostrada, è incompiuto: l'ha detto Alberto Angela, riferendo il fatto che questi templi in verità non vennero ultimati.
Bella la campagna trapanese! D'Estate sembra il far-west: ne assapori l'animo selvaggio correndoci in mezzo, scansando buche e pezzi di copertone rimasti sull'asfalto rattoppato. Sinché rischi la vita, su un curvone mal segnalato all'innesto dell'autostrada che giunge da Mazara del Vallo.
Sino a Palermo è tutto quasi tranquillo, se non fosse per un altro lungo scambio di carreggiata all'altezza di Alcamo: un paio di chilometri a passo di lumaca tra furgoni scassati e Suv che si disinteressano del resto del mondo e che rovesciano dai finestrini quante più immondizie possibili.

Siamo in procinto d'entrare a Palermo, rigorosamente in corsia di sorpasso, come per tutto questo avvincente viaggio.
A Capaci dà tanto fastidio il monumento in ricordo dell'omonima strage di mafia; i due alti manufatti sono resi quasi invisibili dall'assurda angolazione della loro posizione sulla mezza curva: si fa prima a vedere il lontano casotto, sotto la montagna con le sue scritte cubitali "NO MAFIA".
E quella fila di bandiere, italiana, siciliana e dell'Anas che precede il luogo dove Satana salì dagli Inferi, dà

un tono da sagra, per nulla sacro.
Bene avrebbero fatto a lasciare i crateri dell'esplosione
e a farci girare attorno l'autostrada: così com'è, quella
è una finta memoria.

Quindi si entra a Palermo.
Ah l'Italia: è l'unico Paese dove un'autostrada entra in
una città, per poi riuscirne, e si mescola al suo traffico
che, parlando di Palermo, definire caotico è un banale
modo di dire. Si son dimenticati di fare una
tangenziale? Un raccordo? Una bretella esterna?
Fatto sta che si sta sempre in corsia di sorpasso, si
prega che qualcheduno comprenda che le corsie vanno
impegnate da riga a riga (anche se sono poco visibili)
e non occupate a cavallo delle due, per buttarsi,
secondo convenienza di traffico, a destra o a sinistra,
repentinamente e senza mettere la freccia.
Dopo mezz'ora si esce dal frastuono palermitano e dai
suoi panorami fatti di lavavetri del Mozambico,
venditori di qualsiasi cosa e montagne di rifiuti
accatastati sulle strade laterali di questa sorta di
autostrada che si chiama Viale Regione Siciliana.
Si arriva a un bellissimo casello autostradale, con i
suoi ingressi arabeggianti.

Si percorre il meglio di questo Paese meraviglioso, con
palmeti, agavi e boschi di oleandri che invadono la
sede stradale: ad ogni sorpasso, se tenete i vetri
aperti (qui il clima consente di viaggiare senza aria
condizionata), vi potete riempire l'abitacolo di fiori
bianchi e rosa e del mozzicone lanciato dalla 'vespetta'
che vi sta di fronte.
È tutto incredibilmente romantico, è la Sicilia vera,
quella che ti manca tanto quando sei sul Continente:
quella che ha un sacco di gallerie, che hanno costruito
in oltre quarant'anni di duro lavoro, quelle così
scarsamente illuminate che quando le penetri con

l'auto non sai mai se ne uscirai vivo o con i semiasse a posto, perché hanno sempre una profonda buca proprio sulla soglia, in ombra.
Il mare a fianco continua a tenere compagnia, la cartellonistica è avvincente, sarebbe da utilizzare ogni uscita per andare a scoprire tanti angoli di questo "Paese Meraviglioso".

Ma bisogna andare avanti, il viaggio è appena cominciato e si succedono numerosi i mezzi cantieri aperti e presidiati da cartelli e bandiere arancioni (ci sono anche quelle automatizzate che vanno su e giù da sole!), con repentini cambi di carreggiata che, essendo il traffico veramente sporadico, rendono questa play-station abbastanza monotona.
Casello: fatti due conti, per una corsia e mezza e un centinaio di buche, dieci euro è un buon prezzo!

Siamo in vista di Messina: minchia Messina!
Ha tante uscite per il porto, una sola è quella giusta per le auto e i mille camion nascondono la segnaletica che è stata opportunamente predisposta bassa e posizionata su una delle tante curve di questa tortuosissima rampa d'accesso al Continente.

La BAIKONUR DELL'INTERMODALITÀ STRADA-NAVE è avveniristica: si entra in città e ci si butta in discesa a capofitto in un mare di buche, saltando tre semafori ed evitando i tram -con relativi binari taglia-gomme– che danno un tono alla San Francisco a questa città di mare in cui i traghetti pare che entrino dentro i condomini.
Il serpentone d'accesso alle banchine di Caronte&Tourist, il monopolista del business dei traghetti, trasforma il viaggio in un paradossale inseguimento tra auto per accaparrarsi in fondo il primo posto a salire su traghetti anni '60 anche da

300 posti auto.
Imbarco, navigazione e sbarco sono velocissimi: cogliendo l'attimo, si fa tutto in meno di mezz'ora.
Si deve però fare il biglietto: 38€ solo andata, forte sconto per i nativi siciliani, 44€ per andata e ritorno entro al massimo tre giorni.

Tre lunghe miglia ci separano da Villa San Giovanni, provincia di Reggio Calabria: il ponte ci starebbe ma, a ben vedere, nemmeno il collegamento elettrico è stato realizzato. Da anni infatti, due enormi tralicci si ergono, uno sull'istmo calabrese e il gemello dirimpetto sulla costa sicula, ma… non ci sono i cavi!Dimenticato il ponte e qualsiasi moderna velleità, in dieci minuti si sbarca in Calabria, sobbalzando ancora per le migliaia di buche incontrate sulla Settentrionale Sicula: e si inizia a salire per una strada che sarebbe stata progettata a due o tre corsie ma che ormai si è fossilizzata in un'unica corsia, densa com'è di cartelli di pericolo, di avvisi di restringimenti per eterni lavori in corso, di spennellate orizzontali d'ogni colore che ti fan capire una cosa sola: stai al passo che tanto non puoi superare.

Bella Villa San Giovanni! È come un'enorme fatiscente autogrill anni '20…
Ecco il primo cartello, sulla ripida rampa che inizia ad allargarsi a due corsie, mentre si supera un carro funebre, che avvisa dell'inizio della mitica A3 SA-RC: da qui a Salerno ci sono 411km da percorrere.
E, per certi tratti, i chilometri valgono doppio, basta scansare birilli e macerie abbandonati sulla carreggiata!
Subito un viadotto stile ponte di Brooklyn ci lancia dai primi Novecento al 2015, con grandissime insegne dell'Anas: poi una galleria dritta dritta, larga larga, illuminata da una centrale nucleare fa toccare velocità

impossibili in terra di Sicilia.
Si vola per una trentina di chilometri, sembra un viaggio nel tempo, nel futuro.Poi, ad un tratto, un repentino cambio di carreggiata ci rilancia indietro nel tempo, su uno schifo di viadotto decrepito, rattoppato come le forme di una vecchia logora pornostar, pieno di buche e di pezzi di pneumatici, di camion, di paraurti, di vetri, di schifo del mondo.
E così per decine di chilometri, sinché sulla Piana, si riesce ad avere una strada a due corsie che, con qualche occasionale restringimento, scansando qualche pericolosissimo cratere, permette di correre verso Nord ad una media oraria accettabile: si guida già da cinque ore ma bisogna resistere, meglio non alimentarsi, né bere.

Ricominciano i tratti di strada del Duemila, veloci veloci, che permettono di tagliare velocemente le montagne calabresi: fa paura trovarsi davanti sulla strada un asse di legno di circa due metri; riusciti a scansarlo, fa pietà trovarsi un chilometro più avanti una macchina della Polizia Penitenziaria che ha impattato quella tavola, lasciandoci entrambe le ruote anteriori.
Sta finendo la Calabria, è tutto bello, è tutto fresco: ah, l'aria di montagna!

E poco prima di Laino Borgo (Cosenza) inizia proprio il GRAN PREMIO DELLA MONTAGNA, TROFEO PARCO DEL POLLINO: il genio italico ha sbagliato i conti, all'Anas è caduto un viadotto intero (è morto un giovane operaio disgraziato) e, insomma... "Uscita Obbligatoria" c'è scritto su quel cartello, ci si accorge dell'incolonnamento, si scende dalla quinta alla seconda e, squilli di trombe, rulli di tamburo... ci si ferma ad uno stop, si notano quattro cantonieri vestiti d'arancione assieme a due guardie giurate sotto le bandiere dell'Anas e si sale per circa venti chilometri sulla Sila!

Signori: questo è il corridoio 1, la grande direttrice europea che collega Helsinki a Palermo!
Nemmeno per andare a sciare a Casera Razzo (Bl) si fa una strada del genere!
"Un Paese Meraviglioso" ed avvincente!
C'è anche il rafting di un locale circolo canoistico sul fiume Lao (dall'antica città greca di Laos...).
Il guard-rail in tubi di calcestruzzo pare d'epoca tardo borbonica: i grossi camion carichi di inerti dei grandi cantieri della Salerno-Reggio si inerpicano su stradine anguste e ripide, tant'è che l'Anas, in questi quattro mesi di "Uscita Obbligatoria" ha provveduto a ricostruire alcuni di questi numerosissimi tornanti "dolomitici".

E tra una voragine in mezzo alla strada ed una 'vellutata' d'asfalto che per caldo ed insistenza delle frenate s'è trasformata in una trincea trasversale, si notano, a decine, gli addetti alla sicurezza Anas, metà cantonieri e metà guardie giurate, che stanno lì a guardarti e, tanta è la velocità, che in fase di curva li saluti e ci puoi anche scambiare qualche parola: "Quando finisce?", "Mai!" è la sardonica risposta.
Finché a Lagonegro, in Basilicata, finisce il Gran Premio: è tutto più bello, si è consci di aver fatto qualcosa di epico: dalle Egadi, tutta la Sicilia e tutta la Calabria in poco più di sette ore.
Ora si è a metà del viaggio: la Salerno-Reggio riprende ad essere una strada del 2015, con due corsie, poi tre, anche quella d'emergenza, i tunnel illuminati... ed è gratis!
Casello di Salerno, un rompicapo per salire a Roma dribblando Napoli ma evitando di finire ad Avellino: un'arteria logora, puzzolente, piena di buche, di

polvere e di scooter...
Verso il Lazio i soliti incendi, con il solito Canader che
getta l'acqua sempre lontano dall'obiettivo e deve
tornare a rifornirsi per ripetere l'operazione.
Siamo in A1, l'autostrada del Sole, la prima costruita
in Italia: un cimelio da museo!
Fortuna che è bella larga, man mano che ci si avvicina
alla Capitale, così è più facile evitare le buche.

Un altro nemico però è in agguato: il pensionato,
facilmente riconoscibile perché è il solo con la sua
bell'auto nuova e, forte del privilegio, si sente in
dovere di stare in terza corsia a 128 km/h!
Viene clacsonato e sfanalato da tutti ma lui non molla:
nonostante la tardona che gli stia a fianco gli stia
sicuramente raccomandando di farsi da parte, lui non
desiste, lui ha lavorato una vita, lui prende la pensione
Inps, lui ha diritto di rompere i coglioni a quelli che
non sono come lui.
E, noterella del nostro tempo d'un "Paese
Meraviglioso", questi arzilli over 70 o 80 sono sempre
di più, anzi: pare che siano gli unici in giro, un esercito
di vacanzieri che sta arroccando la gerontocrazia
anche nel tempo libero. Meditate gente, meditate...

Nei pressi di Roma s'incrocia la morte: il cambio di
carreggiata numero mille offre due opzioni.
La prima: buttarsi su un'unica corsia all'estrema
destra, in mezzo a Tir, camion, furgoni, camper e
nonnetti in vacanza.
La seconda: bendarsi gli occhi e lanciarsi tutto a
sinistra, nell'altra carreggiata (che resta così a due
corsie in senso contrario), correndo a 120 km/h e
sfiorando chi ti viene incontro a 160-180 km/h,
separati da quelle curiose asticelle basse di plastica
nera inchiodate sull'asfalto. L'eventuale impatto,
complice la manovrona del pensionato Inps, sarebbe

pari a schiantarsi contro un muro a 280-300
km/h...Roma Orte, si cambia!

22€ pare il prezzo giusto per tre ore di buche, nonnetti
immersi nel Viagra, roulette russa e puzze varie,
percorrendo questo "Paese Meraviglioso" da Salerno
sino a lì!
La Orte-Cesena, cosiddetta superstrada E45, è
finemente dialettica.
Riesce a farti intendere che essendo gratis, qualche
intoppo deve comunque esserci: ma, Vivaddio!,
tappate qualche buco!
È una groviera, è uno stimolo continuo alle
sospensioni, all'equilibratura delle ruote ed ai genitali
dell'autista: entrando in Umbria ci si chiede se è
un'autostrada o l'antica via Francigena.

È mistica, in sul calar della sera soprattutto: si viene
abbagliati dalle luci opposte perché a mezzeria non c'è
che un basso guardrail, che sta su con l'Attack, o lo
scheletro di qualche antica pianta, dello stesso color
ruggine che uniforma questa frequentatissima
infrastruttura stradale italiana. Si pensa subito a San
Francesco d'Assisi, il patrono di questo "Paese
Meraviglioso", e a San Ventura, il santo antiblasfemo,
quello che per correggere un bestemmiatore venne da
questi decapitato nei pressi di Città di Castello
(Pg).Ottimo albergo a Nardi per 35€: al mattino si
ricomincia, dopo i 1.100km del giorno prima.
Indicazioni capestro per raggiungere Bastia Umbra,
altri 80km, e trovarsi in un complesso fieristico che
pare più un mercato rionale con alcuni capannoni che
chiamano padiglioni.Fatto lì quel che si doveva fare,
dopo tre ore si ricomincia il tour, a ritroso.
È bello ripercorrere l'Odissea al contrario dopo averla
letta tutto d'un fiato: un giorno può sembrare
vent'anni, vent'anni possono sembrare un giorno.

E ci si accorge, sempre più, d'essere in un "Paese Meraviglioso" perché le buche ci sono anche nell'altro senso di marcia, idem dicasi per i cambi di carreggiata, i mille cartelli della A3 SA-RC e le sue dune d'asfalto sciolto con tanto di macchine in panne ai lati della carreggiata, una addirittura in fiamme. Piccola statistica empirica: le auto viste più spesso sui carri-attrezzi sono le Alfa Romeo, Mito e Giulietta in primis. Seguono le Ford Focus.

Sinché s'arriva a Trapani alle sette del mattino, dopo una notte che fa dimenticare gli antichi AFTER-HOURS...
Tutto a posto? Ma ricordiamoci di vivere in un "Paese Meraviglioso"!
Si finisce imbottigliati nel traffico per il funerale della sorella del Presidente della Repubblica Mattarella Sergio!
Finalmente ci si imbarca, gli euro diventano 45,50 per l'aggravio della tassa di sbarco mentre quello al nostro fianco, residente a Milano anche se lavora a Favignana dichiara di essere residente e paga solo 6,80€, tanto nessuno lo controlla.

Totale, andata e ritorno, 500€.

Welcome to North Italy

Provare per credere!
La crisi italiana stritola zone considerate opulente sino
a pochi anni fa. Il caro-vita ed i problemi delle famiglie
vengono amplificati dalla complessa e costosa
burocrazia. Chi un tempo dormiva sogni tranquilli ora
si vede sprofondare in una guerra tra poveri, in un
precario equilibrio in cui la forte presenza straniera
inizia a pesare.

Lunedì, sveglia generale verso le 6.45: i piccoli
birichini fremono, beata ingenuità, non sanno quel che
accade fuori del loro nido. La mamma si fionda a
nutrirli, il papà al computer per disbrigare la posta dei
3-4 lavori che ha incastonato per ottenere un mezzo
stipendio. Una mail, più brutta delle altre, mentre ci si
accorge che un pargoletto ha la febbre con strane
macchie rosse sulla pelle (passerà senza alcunché), fa
cadere le braccia.
Una burocrate dell'ufficio speciale dell'ente speciale
della provincia speciale della regione speciale pretende
di riavere il conteggio di quella che chiamano 'nota
spese' per una consulenza che in verità consiste in un
lavoro fisso che dura da anni ma, si sa.., l'occasione fa
l'uomo ladro. E l'occasione l'hanno data tutti, da Treu
sino a Monti e Fornero, i peggiori e tutti ne hanno
approfittato. Rifare la nota, ossia sottrarre al dovuto
40€ lordi (!), stampare 4 moduli (inviati in .pdf,
immodificabili al computer), compilarli a penna con le
solite idiozie, nome, cognome, nascita, indirizzo,
codice fiscale, selezionare le caselle 'giuste', ossia fare
in modo di perdere qualsiasi dignità professionale ed
umana, accettando un compenso tipo "3 euro all'ora",
rinunciando a qualsiasi tutela (malattia, infortuni, etc.
roba dei tempi di Bismarck no?), ovviamente alle

ferie, alla tredicesima (ah, ah, ah… che ridere!) ed assumendosi l'onere del carico contributivo (in toto, anche se la legge prevederebbe una briciola integrativa da parte del committente ma la norma è elusa da un grossolano sotterfugio da bisca clandestina); quindi, si devono scansionare questi fogli -firmati in ogni dove-, impacchettarli in una mail e spedirli.

Ma bisogna riconfezionare l' e-mail perché, ovviamente, il destinatario, che è un costosissimo ente pubblico, ha un sistema informatico (anche quello costosissimo) che non ha nulla a che fare con il 2013, per cui bisogna scompattare la e-mail in almeno tre e-mail… Due ore, per poi farsi dire che non va di nuovo bene, che bisogna mettere le crocette dove vanno messe…

Ma allora, tanto hanno comunque e sempre inesorabilmente ragione loro, perché mi fai compilare le crocette, 'ticchettatele' tu da sola e fammelo solo firmare… E poi, che carte mi fai fare (una marea) per formalizzare quella che è formalmente, anche se nella pratica non lo è, una collaborazione occasionale: non è una grande contraddizione?

No, è normale, italianamente normale.

Nel mentre, si porta un rampollo all'asilo: uno solo perché il secondo, pur avendo l'età, non ha trovato posto. E soldi per un asilo privato proprio non ce ne sono: così sta a casa, tanto c'è il terzo pargolo e la mamma non lavora, tanto non c'è lavoro. Capitò la stessa cosa l'anno prima al primogenito: non c'era posto nell'asilo nuovo sotto casa, costato un milione e trecentomila euro; un bel costo ma, mistero contabile, ospita lo stesso numero di bambini di quello vecchio. Non uno di più.

Vi sono però sostanziali differenze rispetto all'asilo vecchio: è caldissimo (perché c'è quella figata di certificazione Casaclima ma non si sa cosa sia un

termostato), non può ospitare la festa di Natale perché non ha le dimensioni sufficienti, è spoglio, senza alberi, con i giochi sbagliati – han comprato quelli per il 'nido'-, le uscite di sicurezza non si aprono perché ingombre di ruderi e calcinacci ereditati dal cantiere di pochi mesi prima..
Che bello l'asilo, danno anche la merenda ai bambini! C'è anche il Contratto della merenda, che 'elargisce' un corroborante spuntino, se si vivesse all'equatore: un frutto (piccolo), per combattere l'obesità infantile. I pargoletti della bella famiglia sono snelli ed atletici - vita sana- e a metà mattinata, anche perché al mattino ci si avvia all'asilo al freddo, "tengono appetito". Ma è vietato portare un panino da casa. Niet! L'Azienda Sanitaria speciale del comune speciale della regione speciale non vuole.
Ma sarà gratis questo frutto obbligatorio?

La mamma scopre la verità: il martedì il postino traffica sull'uscio e lascia una lettera dell'ufficio speciale dei servizi speciali della ristorazione speciale del comune speciale della regione speciale. La genitrice pensa sia la ricevuta di quella mezza estorsione subita nell'acquisto di alcuni buoni pasto per sperimentare la mensa dell'asilo: all'epoca pagò 100 euro per avere dieci ticket (una cosa tipo 3,5 euro a pasto più 60 e fischia euro di iscrizione al 'club'). Invece no: è un avviso di mora, di 20 euro, per la frutta di settembre e ottobre.
Pazienza e telefono, con solite attese. "Si... con chi aveva parlato? E cosa le avevano detto? Si, i primi due mesi d'inserimento non si paga, come non si pagano i mesi successivi se si consuma almeno un pasto al mese (ma chi inventa queste regole?). Si, allora ha ragione Lei... no, non posso fare niente io (ovviamente), deve venire Lei, dalle 9.25 alle 11.10 ..." in un ex ufficio speciale ora ancora più speciale in

una sede speciale del comune speciale della regione speciale per disbrigare la pratica (una pila di carte con le solite idiozie, nome, cognome, nascita, indirizzo, codice fiscale).

Intanto il papà, saltando tra lavoro e lavoro e tra lavori e ricerca costante, continua, eterna di altri lavori perché tutti durano tre mesi (e quelli predicano l'articolo 18!), riceve una mail, ancora più brutta. E' mercoledì e l'assicurazione non vuole pagare la rottura del tubo del gas (1.500 euro estorti per l'emergenza da un idraulico che dice di sentire la crisi); mesi prima aveva provato a dire che il danno non era coperto, poi si era smentita, quindi (con calma!) aveva inviato il perito (che si era fumato un gran cannone prima di effettuare la sua perizia), che poi sotto Natale aveva inviato il 'regalo', che però arrivò dopo la Befana (perché c'è chi fa le ferie pagate), un bel regalo: "Nulla è dovuto".

Papà prende il telefono, chiama la Ladra Assicurazioni, minaccia spietatamente la 'signora' di cancellarli dalla sua vita e da quella di tutti i vicini e sbatte giù la cornetta. Dopo 4 minuti richiama la Ladra Assicurazioni ed inventa tutta una storia, su una carta che mancava. Mancava per loro, perché il perito aveva visto quel fogliaccio ed aveva detto che non serviva, quindi quella carta era finita nella stufa: tutto si brucia, fortunati quelli che hanno la stufa, scaldarsi costa!

Papà allora si scaraventa all'inseguimento del servizio speciale emergenze dell'azienda speciale del gas speciale che viene dalla Russia speciale: afferra per il collo la receptionist, affabula l'impiegato, esorcizza il portinaio, esce con la carta tanto preziosa, ossia la fotocopia del modulo di chiusura del contatore con la specificazione della "causa perdita di gas", dopo aver scritto una richiesta speciale, a mano, illeggibile, su un foglio, con le solite idiozie, nome, cognome, nascita, indirizzo, codice fiscale.

Il tutto in un'ora e mezza, attraversando in macchina la città speciale della regione speciale che è abitata da quattro gatti -speciali- che vengono amministrati in maniera così speciale da creare ingorghi biblici per fare spazio a piste ciclabili sempre vuote ed, ovviamente, speciali. E deve correre perché l'uscita del pargolo dall'asilo ha un'orario molto speciale: 11 e 45. Si, la mattinata all'asilo del comune speciale della regione speciale dura tre ore per chi non si ferma a pranzo. Si, tempo per l'appello, il frutto speciale e la ricreazione. E il pargolo ha fame! Vuole il sacrosanto panino col salame, non 'sto frutto avanzo di mercato ortofrutticolo!

Giovedì: notte in bianco per recuperare il tempo lavorativo perso a scrivere tutti quei fogli con le solite idiozie, nome, cognome, nascita, indirizzo, codice fiscale. Il più piccolo dei tre ha 40 di febbre. Col piffero che chiamo il pediatra! Disse una volta il dottore: "Siii... non faccio visite a domicilio; può chiamare la collega in libera professione (significa: "pagando 60 euro"); oppure viene qua – ndr: una specie di lebbrosario del Mali aperto tre ore al giorno-; o lo porta al Pronto Soccorso pediatrico dell'ospedale - ndr: che significa mezz'ora d'auto, due chilometri a piedi sottozero per trascorrere una giornata nel lazzaretto del Burkina Faso e pagamento del ticket perché diranno che non era di sicuro un'emergenza-.." No: Tachipirina e via! Papà porta l'altro all'asilo, lasciando il 'rifiutato' (che ha perfettamente capito che non l'hanno voluto all'asilo) a casa e per strada becca il postino! Grande postino! porta un assegno: il 'misero avanzo' di una maternità per lavoratrice autonoma, risalente all'era glaciale. L'autonoma, l'artigiana, s'è dissanguata a forza di pagare contributi: la maternità è, nella pratica, la restituzione della somma pagata per un anno.

Quattro soldi utilissimi per pagare l'assicurazione dell'auto che, nonostante sia bonus-malus, in assenza di incidenti con classe di merito due... non cala mai!

Torna indietro, la mamma/moglie firma e papà si fionda in banca a versarlo, forte della procura, perché il conto corrente langue e conviene pagare con carta di credito: per pochi euro ma conviene. Ma Mario Monti gliene ha fatta un'altra! Non basta l'assegno firmato e la procura sul conto: c'è il modulo speciale del controllo speciale dell'antimafia (prrrrr!) speciale con le solite idiozie, nome, cognome, nascita, indirizzo, codice fiscale... e "la firma della Signora!". Papà blocca lo sportello della Banca dei Ladri ed interviene il direttore: "Ma sa... hanno cambiato da poco... se mi viene un'ispezione...". Papà è irremovibile: "Io non le chiedo soldi, verso quest'assegno, non esco di qua.".

"Vabbè... vediamo, Lei sa fare la firma di sua moglie...? Ecco, questa è una copia, la faccia qua... E... ma la faccia meglio! No, no, la rifaccia qua, non calchi, leggero! Va bene... firmi qua Lei adesso, qui, qui e qui... a si, anche qui! Sa è contro il riciclaggio, l'ANTIMAFIA". Ppprrrr !

Venerdì: pargolo grande a casa per assemblea sindacale dell'asilo, "Ingresso ore 11.30" c'è scritto sul modulo ufficiale che il birichino ha consegna fieramente ai genitori il giorno prima. "Quasi quasi per dispetto, un quarto d'ora glielo porto...", escogita il papà. Ma i bambini non si usano...

Quindi, tutti a casa e papà si nasconde in studio: che strana però quella e-mail!

E' il costosissimo e speciale Istituto di previdenza che si fa vivo dopo un anno, a seguito della domanda di ricongiunzione dei contributi della gestione separata di un'altra cassa (roba degli anni '90, una pensioncina

futura di circa un euro al mese) nel 'montante' della gestione separata che sta a fianco della propria misera, frammentata e assolutamente inadeguata gestione principale.
Sintetizzando i bizantinismi, questa la sentenza: "Tu proprio vuoi farci lavorare? Tu proprio vuoi fare quello che il decreto speciale del governo speciale della repubblica speciale ti autorizza a fare? Beh, se vuoi andare avanti, sappi che perderai tutta la tua contribuzione principale che verrà assorbita da quella separata e vedrai come camperai a ottant'anni con quattro euro al mese!" Ma c'è di più: un ultimatum da non crederci! Papà l'ha letta così quella elegante postilla: "O ci mandi un archeologico fax entro due giorni (!) con la revoca della predente richiesta, o TI FOTTI A VITA."
Il fax, ovviamente, con le solite idiozie, nome, cognome, nascita, indirizzo, codice fiscale... e la firma.

Sabato: pulizie e... archivio! Bollette, ricevute, scontrini di farmacia, carte, copie di carte, sempre con le solite idiozie, nome, cognome, nascita, indirizzo, codice fiscale... e la firma. Ricevute di mille pagamenti, da conservare, perché si possa dimostrare, comunque e sempre, anche dopo morti, di avere pagato qualcosa. Il digitale non è sufficiente: conviene stampare, anche perché le ricevute bancarie on-line, in pdf, hanno nomi improbabili, fatti di numeri, lettere e nessuna data: una ricerca è molto difficile. Banche o Poste non fa differenza: servizi cari e scadenti.
Poi, la spesa più grossa, ossia alimentari e detersivi, roba buona, niente superflui, l'essenziale, buona ma cara: in una 'botta' il compenso mensile di quella "collaborazione occasionale". Sarebbe veloce fare la spesa ma c'è un intoppo alla cassa: il 'Kazaco' di turno che spende i buoni acquisto elargiti dal comune per comprare tre ricariche telefoniche: preciso al

centesimo, opprime la cassiera per un minimo resto che contabilmente gli spetterebbe ma con i buoni non si può. Perché il sindaco paga a questi il telefono con i soldi nostri e a noi chiede centinaia di euro per dare frutta vecchia ai nostri figli? Mah..

Bisogna allora imbustare la spesa: recuperati due scatoloni ma non sono sufficienti. Tre sacchetti a 15 centesimi l'uno: tanto ecologici quanto deboli, già aperti prima di arrivare all'auto. E prima d'arrivare all'auto tocca evitare gli accattoni che vorrebbero l'euro di cauzione del carrello: insistenti, opprimenti, esosi. Se scalci ti denunciano, se non ti opponi ti 'fanno' 30 euro al mese. "Papà perché non gli dai il soldino?"...

Poi si esce dal parcheggio e si evita un settantenne che sfreccia a 80 all'ora sulla sua mountain-bike sulla presunta pista ciclabile, una striscia scolorita, in senso opposto al traffico, proprio là dove ne muore uno ogni sette mesi, nascosta alla visuale dagli alberi. E ci manda a 'fanculo'...

Sabato pomeriggio di quiete. Anzi no, perché la vicina parrocchia si è trasformata da casa del Signore a sede di sagra permanente: altoparlanti che sparano musicaccia e un cretino che esorta a comprare i biglietti della lotteria! Fino a Mezzanotte inoltrata e pochissimi acquistano quei biglietti: due euro è una moneta ma è divenuta per molti una cifra impegnativa.

E la Domenica? Si portano via carta, vetro e plastica, rifiuti abilmente differenziati e accatastati nel terrazzino: una settimana di rifiuti, serve ovviamente l'auto. Nonostante trecento euro di tassa-rifiuti (tanti sinonimi per definire quella cosa lì...), tocca fare trecento metri, lasciare l'auto in mezzo alla strada, scaricare la plastica e la carta, fare inversione, percorrere altri 70 metri e depositare vetro e verde.

Boh? È sistema questo? E' l'ultima volta: da domani si butta tutto assieme ogni giorno nel primo cassonetto utile. Tanto, a curiosarci dentro, così fan tutti...
Quindi, passeggiata al parco con i bimbi, tra cacche e zanzare (ma il prato è ben rasato) e a casa a pranzo! A casa, sicuramente: sempre più rari, infatti, i pranzi in ristorante, con quel che costano.
Finalmente, relax pomeridiano domenicale! Invece no: perché alla parrocchia di Dio nostro salvatore si tengono i campionati africani di calcio. Bravi, belli e buoni ma... tre partite di 90 minuti con tifo ganese in mezzo a case, ville e villette, come dire... stride alquanto.
Come stride una constatazione: mamma e papà si sono dissanguati per acquistare la casa e IMU e compagnia bella gliela fanno pagare ancor più cara la loro casa. A quel goleador che sta esaltando le 'tribune' parrocchiali, invece, il comune rimborsa l'affitto.
Papà, nervoso, assonnato e un pochino ansioso controlla il proprio conto corrente sul web: è arrivato un regalino della nonna, provvidenziale boccata d'ossigeno per pagare telefono e altre bollette: forse la nonna aveva altre ambizioni per la propria sudatissima pensione. Una solidarietà sociale al contrario: dove andremo a finire?

      Boh?

La Faraona alla trapanese

Non dimenticherò mai quel ministro della Repubblica
Ceca, conosciuto ad Udine, che si recò nel Nord Italia,
per una serie di conferenze ed incontri politico-
economici, in treno, accompagnato da una segretaria.
Bellamente, scendeva dal treno, prendeva un taxi che
lo portava in albergo, da qui si recava dove doveva
andare a fare il suo lavoro di ministro, quindi di nuovo
il treno, un altro albergo etc., sinché dopo 4-5 giorni,
sempre col treno, tornava a casa sua.
Quanto ha pagato la Repubblica Ceca per queste
missioni istituzionali? Il giusto.
Ieri mattina a Trapani mi è venuta la nausea.
Non di certo per la bellezza della città.
Ma per quel che ho dovuto vedere e con son qui a
raccontarvi.
Entrato in città dall'autostrada dopo lunghissimo
viaggio -non erano ancora le sette del mattino-, già
un'auto grigia con piccolo lampeggiante blu mi ha
insistentemente suonato la sirena, addossandosi dal
nulla ad alta velocità al retro della mia auto, per poi
superarmi prepotentemente, buttandosi nell'altra
carreggiata, tra un nuvolo di Ape Piaggio e qualche
furgone carichi di frutta e verdura, volando verso una
città ancora dormiente.
E quella sirena, azionata ogni qual volta sulla strada di
quell'auto con due personaggi seduti davanti si
trovava un essere umano, un gatto o un gabbiano, ha
sicuramente rotto (i timpani) a tanti.
Ho pensato alle 'solite' scenografiche operazioni antimafia, ignoravo il triste lutto che ha colpito la famiglia
del Presidente della Repubblica.
Lutto che mi è stato raccontato da un vigile, quando,
arrivato al porto, non ho potuto parcheggiare in alcuni
stalli all'ombra degli alberi, in quanto riservati.

Poi è stato un susseguirsi di tiranniche imposizioni che la popolazioni ha così, generalmente, accolto: "... *ma se ne andassero a fare in c***!*".

C'erano più guardie che turisti, più poliziotti che abitanti, ieri mattina nel centro storico di Trapani.

Agenti in borghese, chiamiamoli così: sono tutti uguali, uniformi, con abiti completi, cravatte uguali , uguali basette con capelli corti-corti, occhiali da sole e aspetto da cani da guardia.

Scontrosi e silenti ad ogni richiesta di informazione, in un sottofondo di auto, gabbiani e rondini rotto -è il termine più adatto- rotto continuamente dal rumore di sirene, quasi fosse scoppiato un incendio, o stesse sbarcando l'Isis...

Poi c'era un esercito di poliziotti in divisa, a decine quelli della stradale, con altissimi stivali e uniformi piene di patacche.

E Carabinieri, ufficiali in abbondanza: ier mattina un malfattore avrebbe potuto agire indisturbato (come sempre): le guardie eran tutte al macabro *party*.

La cattedrale, attigua al porto, sta in un dedalo di viuzze: erano tutte transennate e dense di auto di servizio d'ogni tipo: quelle blu, quelle della polizia, quelle della polizia stradale, tutte ammassate tra di loro, erano troppe.

Tant'è che un poliziotto, riferendosi ad un altro, a distanza, gli ha urlato: "Collega, collega... non puoi lasciarla lì, non ci passiamo...".

Attimi che si facevano la multa tra di loro!l tutto in mezzo a qualche curioso, appiedato, per lo più persone che abitano lì e che, scesi da casa per 'sto gran rumore, entravano nella cattedrale a guardarsi 'sti bei papaveri: "C'è anche Crocetta!", esclamava una signora, quasi volesse cacciare autografi o, più probabilmente, farsi un 'selfie' in mezzo a quel circo.

E poco più in là, fuori dalla zona pedonale, si consumava il delirio: un lungo serpentone sotto il sole

di auto, scooter, 'api' e biciclette, tutti bloccati in quel
reticolo di strade strette, con la gente che usciva da
bar e negozi per capire che stesse succedendo.
Succedeva questo: che era morta la sorella del
Presidente della Repubblica italiana, che il funerale si
teneva a Trapani e, come ai tempi dei Faraoni, quelli
delle mummie imbalsamate, tutti (i politici) dovevano
rendere omaggio alla sacra salma con gran consumo
di solenni uniformi, dispiegando la massima forza
armata disponibile e cento auto buttate lì in mezzo
avevano intasato il traffico.
Alle 10 ancora suonavano le sirene. E i clacson e le
trombette di tutta la gente incazzata.

Mattarella non l'ho visto, non sono entrato nella
cattedrale, mi sono imbarcato per le isole, non so se
avesse i Corazzieri al seguito per quella cerimonia che
iniziava alle 9 e trenta.
Il funerale della sorella del presidente, come in quel
film di Fantozzi (dove però la sacra defunta era la
madre)...

IL GIUDICE – Poesia

Di un ometto assai meschino
che decide col buon vino,
narra questa rima galeotta,
non leggenda ma umile villotta!

Fu che un giorno la sua toga,
poco sacra e tanto enologa,
udì con adunchi padiglioni
i malefici dell'amico in ginocchioni.

Con lo scambio di favori,
tutti san senza clamori,
l'uomo furbo e disonesto,
frega sempre tutti e lesto

ma con malizia scellerata,
egli macchia d'indelebile porcata,
quella toga sacra e nera
che noi tutti crediam sincera.

Con sordido temporeggiare,
stava lì senza niente fare;
quindi seguiva un copione
mescolando un minestrone,

così caldo et fumoso
che tutti vedean nebbioso
ma tant'è quel che osò
e che in due anni sentenziò,

con spocchia e riverenza,
con noia e compiacenza,
fece poco, tanto e niente
da aiutare il soccombente,

e dello scudiero del suo duca,
mise al riparo la sua nuca,
già mazzata in precedenza
da giustizia e da decenza.

Un aiutino assai meschino,
d'un giudice proprio pellegrino.

OGGHIAMMARE

BIP-BIIP-BIP...

M'ha stufato 'sto 'Bip', più del tubo che ho dentro al culo.
Sono finita così: con un tubo nel culo: anzi, è il mio nuovo culo.
Alla fine avevano ragione: tutto quell'Eternit mi ha mangiata dentro, mi ha trasformata e adesso sto morendo con questa grande tortura.
Con un tubo nel culo. E da sola. Come una poveretta, sola e dimenticata.

Ed è tutta colpa mia? No, no, no...

Andrea era il mio amichetto: era l'unico che mi sopportava, sono sempre stata antipatica a tutti.

Vivevamo in miseria ma alla fine ero contenta di quel che facevamo.
Soldi per una bicicletta a testa non ce n'erano: allora volavamo in due, io ed Andrea, su quel vecchio arnese di suo nonno.Correvamo in lungo ed in largo, sempre vicini al mare o in giro per la campagna.
Io trattavo male Andrea ma lui non ci badava. Quando diventavo insopportabile mi lasciava da sola, dovunque ci trovassimo.
Tanto tornavo a casa a piedi, mica c'era tanta strada!A casa era brutto starci: non sopportavo la puzza del pesce, anche se per mesi c'era solo quello da mangiare; non sopportavo i muri rabberciati, mi deprimevano quei vecchi mobili malconci e pieni di roba vecchia; non sopportavo mio padre che lavorava di notte e di giorno; non sopportavo mia madre che faceva le pulizie a casa d'altri; non sopportavo tutti i miei fratelli ed il fatto di dover dormire in un lettone assieme a mia sorella più piccola.

Io volevo essere ricca, quella vita non m'andava, volevo andarmene, volevo partire, tornare, salutare e ripartire...

Poi arrivò la TV: prima al Bar e poi qualcuno se la comprò. Andavo a sbirciarla a sera, dalla Signora Pina, di nascosto dai miei genitori, intrufolandomi in quella casa dal giardino che confinava col muro di casa nostra. Era un mondo che s'apriva davanti a me. Un mondo di musica, di luci, di applausi e di tante cose nuove, tante cosa de comprare, da mangiare, da vestire...
La TV forse è stata l'unica mia compagna: un'amica che quando rompe la spegni o cambi canale, più semplicemente.

Con la TV arrivò la malattia di mio padre.

Iniziò da quel vecchio zio, dove s'andava ogni tanto la domenica a piedi. Era il guardiano della montagna, c'erano tanti miei cugini, vivevano lassù e s'andava sempre a piedi, non c'era la strada, solo un sentiero. Odiavo quello zio: mi teneva sule ginocchia e mi diceva cose orribili con una brutta voce roca.

Ogni tanto mi portava con lui alle stalle, sempre da sola: non volevo andare a trovarlo per questo, perché mi voleva sempre da sola con lui, mi diceva cose orribili, mi accarezzava e provava a baciarmi. Chiudeva quindi quel portone puzzolente e, stando in piedi, mi tappava la bocca con la sua mano e con l'altra iniziava ad accarezzarsi, guidando la mia mano, fino a "Mungere il latte di dentro". Uno schifo di uomo, non ci ho mai più pensato, adesso che sono qui in questo letto, tutta sudata e senza fiato, con i capelli corti e con un tubo nel culo, ci penso sempre.

Quella domenica dallo zio, mio padre iniziò a tossire sangue: non smise più, anche a casa. Non poté più andare a lavorare, sinché il posto lo prese mia madre, quand'egli morì, dopo tre mesi da quel giorno che feci "fare il latte" a quello schifoso di suo fratello. Avevo otto anni. Adesso ne ho 60, di anni, e ripenso a tutta 'sta vita che non mi ha dato mai nulla se non continue brucianti scottature. "Tu si come l'ogghiu a 'mari", mi rimproverava Andrea quando non ce la faceva più: i miei bei capelli, come i tentacoli dell'anemone, erano attraenti, diceva; poi però, conosciuta più da vicino, sfiorati quei capelli, divenivo velenosa, urticavo proprio. Ho sempre dato fastidio alla gente, sono fatta così: ma non è colpa miaMorto mio padre, la famiglia non ce la faceva.

Non bastavano mai soldi, né per mangiare, né per pagare l'affitto: odiavo tutti quelli che ci aiutavano, sembrava che ci facessero la carità per umiliarci. Qualche settimana prima del lutto seppi della decisione, presa ancora da mio padre quand'era in vita: seppi tutto, però, mentre accadde.

So che in un angolo del cervello ho stipato questa dolorosa 'scoperta', che tiro fuori, che ho tirato fuori continuamente nella mia vita, tenendomela per me ma facendola pagare a tutti, a chiunque passasse sulla mia strada e, soprattutto, a chiunque scoprisse questo mio segreto.

Una sera mia madre mi portò con quattro cenci dalla Signora Pina: non mi portò nemmeno a dare un bacio a mio padre, mi piazzò "nella casa della TV".
Non mi dissero niente, scoprii che mia madre e mio padre erano divenute altre persone, erano stati sostituiti, mi avevano cambiato famiglia, mi avevano venduta o, come lessi più avanti su quel documento in fondo ad un cassetto, ero stata adottata.
Ma vedevo mia madre, quella vera, ogni giorno: e mio padre era al cimitero. Ma avevo un nuovo padre. E i fratelli e le sorelle mi trattavano diversamente: quasi mi rispettavano e stavano zitti quando andavo a cercarli.
Non capivo perché: Andrea nemmeno volle aiutarmi a capire, anche se aveva quattro anni più di me.

Ma Andrea aveva capito, tutti avevano capito.
Ma nessuno me l'aveva spiegato.
Nemmeno quel vecchio porco di mio zio mi cercava
più.
Crescendo, scoprii che non mi mancava nulla. Anzi: la
signora Pina, la mia nuova madre, era ricchissima.
Sfondata.
Potevo fare ciò che volevo, andavo pure in giro con
l'autista, anche solo per andare a scuola: ma andare a
scuola, leggere e studiare non mi piaceva.
E non mi piaceva neppure stare a casa con i due
vecchi, i miei nuovi genitori, che erano anziani e senza
figli. Che tristi!
E litigai con Andrea che mi diceva che ero sempre più
'Ogghiammare'.
Odiavo tutti, in quel villaggio. Mi piaceva solo la TV e
leggere i settimanali a colori, con tante belle
signorine, sempre in viaggio, sempre lontano.

Volevo andare lontano: ottenni il permesso di
sposarmi, ancora minorenne, con un ispettore
ferroviario, l'unico che mi faceva veramente la corte,
molto più vecchio di me,
Girai tutta Europa, presi continuamente treni in prima
classe, carrozze-letto lussuose come alberghi di prima
categoria e lunghe soste in veri alberghi, grandi Hotel,
tanta nuova gente, da conoscere e da lasciare subito,
ripartendo per una nuova destinazione.
Mi piaceva così: tornavo poche volte al villaggio, i miei
parenti non li vedevo mai, né quelli veri né quelli che
mi avevano comprata. Conoscevo tanta gente nuova,
anche di classe, ma ci si frequentava per pochi giorni,
poche cene, qualche festa... mantenevo rapporti
sporadici solo con quelli più ricchi, non si sa mai. In
verità, non sentivo mai nessuno più. C'ero solo io e
mio marito che, tanto, lavorava sempre e vedevo solo
a cena.

Mio marito fece allora quella bella pensata!
Mi lasciò incinta, disgraziato. Io non volevo una
famiglia, tanto meno partorire, non sopportavo il
dolore né l'idea di stare in casa, impacciata e poi
soffrire, stare sveglia di notte…
Riuscii ad abortire un paio di volte, con le erbe che
trovavo, anche con qualche alga che trovai in
Normandia.
Ma, alla fine, ebbi due figli: un marmocchio e una
stronzetta che non ho mai sopportato, innamorata di
suo padre.
Tutta colpa di quell'ebete di mio marito: mi ha
rovinato la vita, alla fine.
Tra il primogenito e la seconda nata ebbi quello che
chiamano, probabilmente, un esaurimento nervoso:
mi trovai a soffocare dentro una camera d'albergo,
con quello che urlava e la pancia piena di quell'essere
che cresceva dentro di me.
Diedi di matta e riuscii a farmi ricoverare per un paio
di mesi in una clinica: tentai l'aborto ma non andò
come volevo; mio marito capì allora che non ero
portata per fare la madre ed iniziò a preoccuparsi di
mettermi accanto una balia.
Ma non poteva portarsi in giro una carovana: quello
stolto non aveva capito che dovevamo restare noi due
soli, solo così eravamo liberi di andare e tornare, di
allungarci a fare gite pazzesche in un paio di giorni
liberi in qualche angolo del mondo…
Decise quindi che avrei dovuto attenderlo, per il più
dell'anno, al villaggio, dove nacque mia figlia.
Povero scemo!
Nemmeno due giorni attese dopo il parto e se ne partì
dopo di me.

BIP-BIIP-BIP ! Se mi arrabbio sto peggio: a ripensare
al disastro della mia vita, a quanto male ho fatto,
soffro le pene dell'inferno.

Quanto mi fa male 'sta sonda, ho chiesto un antidolorifico più forte ma quella stronza dell'infermiera m'ha preso in antipatia.
Tanto per cambiare!
I miei genitori adottivi comunque continuavano a venerarmi: soldi, regali, servitù, non mi fecero mancare nulla.
Riuscii addirittura a sbarazzarmi del vecchio zio: non gli venne riconfermata l'enfiteusi ma, in cambio, gli regalarono un appezzamento molto lontano da quell'orribile montagna, montagna che odio ed alla quale non mi sono mai più avvicinata.
Capii che mio marito non necessitava più di lavorare, avrei potuto mantenerlo.
Mi feci allora intestare un paio di negozi in città: proposi a mio marito di ritirarsi, egli accettò.
Mi trasferii in città, lasciando definitivamente al villaggio i due marmocchi, con i miei genitori adottivi e tutta la servitù al loro servizio: da me hanno avuto tutto, cibo, vestiti e soldi.

Purtroppo però feci male i conti: mi fidai di un tale che mi propose di vendere gli immobili che mi avevano donato per investire in un grande progetto, una specie di fabbrica per produrre l'energia elettrica.
Ma l'investimento si rivelò disastroso ed il personaggio, con il quale ebbi un breve flirt, scappò con i soldi, dopo avermi lasciata in un alberghetto portuale.
Mi giunse nuovamente in aiuto la mia madre adottiva, che mi donò altri due immobili in città e mi dotò di una piccola rendita per la mia vera madre e la mia famiglia originaria.
A questi però non dissi nulla, mi limitai a fargli pervenire pochi spiccioli al mese: godevo pensando da quanti anni aspettavano di avere il giusto prezzo della mia vendita.

Intanto il mio padre adottivo morì: fu un incidente, un banale incidente stradale.
Mia madre adottiva iniziò così ad inguaiarsi la salute. Non capirò mai perché la gente s'ammala se qualcun altro muore o sta male.

Alla gente servono solo i soldi: tanti soldi, quelli che non bastano se uno lavora.

Se non c'è lavoro, se non avete soldi... non fate figli. Io, che avevo tanti soldi, nemmeno volevo i figli.

Non capirò mai perché la gente fa figli.

Tornavo di tanto in tanto al villaggio piena di doni per i marmocchi ed i miei parenti: i soldi arrivavano puntualmente ogni mese da più parti, mio marito li spendeva con me, spendevamo tanto, volevo sempre più soldi.
Alla fine con i marmocchi me la cavavo bene: avevano già tutto con la nonna adottiva, qualche regaluccio mi costava poco e riuscivo a distanza a non fargli avere contatti con mia madre naturale ed i miei fratelli.

Il maschio litigava col padre, quando lo vedeva; io non sopportavo proprio mia figlia: era proprio strana, sembrava che non gliene fregasse niente dei miei regali, leggeva e basta.
Non capirò mai perché la gente perda tempo a leggere: se proprio vuole buttare via il tempo, c'è già la TV, ha sempre più canali e fanno tanti programmi…Mio marito però mi aveva stufata: era vecchio, molto più vecchio di me e non stava bene.
Lo tradii più volte, anche con un suo vecchio amico, vecchio come lui ma almeno la pensava come me, sui soldi, sulla gente, sulle donne…
Quando si diffuse la notizia della nostra tresca non mi feci più vedere al villaggio: tanto i marmocchi erano cresciuti e potevano viaggiare da soli, venendo così loro a trovarmi in città una volta al mese.
Restavano da me un paio di giorni: organizzavo una grande festa per i loro amichetti e me li levavo di torno.
Il maschietto iniziò a fare domande strane: "Perché hai due cognomi? Qual è quello vero?" e "Perché sei Ogghiammare?".

Schivavo sempre le domande, non rispondevo e gli allungavo qualche banconota con qualche pretesto: "Comprati una camicia! Guarda che schifo che hai addosso…" o "Vai dal barbiere, qui in città, perché al villaggio non sanno nemmeno tosare le pecore!".
Bastava umiliarlo con una frecciatina, difenderlo dalle critiche di suo padre, ed era sistemato.
La figlia, invece, non ha mai capito un cazzo…

Nemmeno soldi voleva.

La Signora Pina morì, d'infarto, mentre faceva colazione con i due marmocchi.
Ero in viaggio a Parigi e riuscii ad arrivare giusto in tempo… non per il funerale ma per la lettura del testamento.
Mi aveva comprata, alla fine, per quattro soldi: intaccando pure la legittima, aveva lasciato un patrimonio, negli anni, a un sacco di pezzenti, taluni anche sconosciuti.
Capii quel giorno che alla Signora Pina, alla fine, non ero piaciuta come figlia.

Ma, a differenza delle madri normali, lei non mi aveva avuta, mi aveva scelta.
E se mi aveva scelta… perché punirmi così, in fondo?

Divenni veramente bestiale, lo riconosco: tolsi case e campi a tutti. Iniziai a vendere immobile dopo immobile pur di levarmi dalle scatole quella massa di poveri che lavoravano tutto il giorno e che non sopportavo. C'erano però i contratti di mezzadria, di enfiteusi: mi fecero tutti causa e persi metà dei beni ereditati, nel giro di un paio d'anni, in risarcimenti.
Proseguii comunque a fare pulizia, a levarmi di torno tutti quei parassiti, sporchi, sudici, lagnosi e pieni di figli.
Perché non li vendevano pure loro, tutti 'sti figli?
Appiccai anche alcuni incendi: distrussi boschi interi.
Non ho mai capito perché la gente tiene a cuore gli alberi: sporcano con foglie e frutti, rompono le strade con le radici, rubano acqua...
L'infermiera mi odia: facendo manutenzione al tubo che ho nel culo, ha fatto apposta a graffiarmi dentro.
Anche con quella forbice s'è messa a punzecchiare! Io urlavo e morivo di puzza: sento la puzza che esce da dentro di me, è disgustoso, vorrei morire ma non riesco, sono immobilizzata e mi hanno già detto che oltre al catetere dovranno a breve intubarmi dalla gola.
Non mangio da due mesi: poco male, da che è morto mio marito ho mangiato troppo e troppe schifezze.
Mio marito morì, praticamente di crepacuore: l'ho fatto morire io, lo ammetto. Lui diceva di amarmi, io l'ho riempito di corna ed in uno scatto d'ira gli ho rinfacciato di avere abortito due volte perché non volevo figli.
Stette imbambolato per una settimana, senza parlare, come un fantasma.
Lo trovai quindi accasciato in bagno e gli sbattei la porta in testa, urlando: "Apri 'sta cazzo di porta che devo pisciare!".
Ora, per pisciare, non so come fare: me ne accorgo e basta guardando il tubo che un po' si muove.

Ho vissuto poi con un altro uomo: quando son finiti i miei soldi, è sparito, dopo essersi fatto intestare due negozi.
E, intanto, s'è fatto tre case nuove, il testa di cazzo!

Da giovane non ero volgare, lo sono diventata con gli anni.
In TV si sentono tante parolacce, ammetto che non le conoscevo tutte: dire le parolacce mi ha sempre rilassata, offendere gli altri è un toccasana.

Mi piace soprattutto dire: "stronzo", "cazzo" e "cagare".

I miei figli... non li ho mai sopportati.
E gliel'ho fatto capire, ad entrambi.
Per quello non li vedo da qualche mese.

Dovevano venire a trovarmi, ieri.
All'ultimo, però, gli ho telefonato e mi sono rimangiata per l'ennesima volta la promessa di lasciargli il bar al maschio e la casa in montagna alla femmina. Le uniche cose che mi sono rimaste: in comune con loro, comunque, perché erano eredità di mio marito.
Sono sbottata, mi faceva male il culo fino alla testa: li odio, non li ho mai sopportati e li ho sempre presi in giro, quei due stronzetti.
Che teste di cazzo: invece di sposare gente più ricca, si son messi a fare figli con quella e quello là.
E hanno anche famiglie di rimbambiti: da mia figlia me lo sarei aspettato, comunque. Ma dal maschio, proprio no: coglione.

Dove ho sbagliato?

BIP-BIIP-BIP!
Sto morendo, con un tubo nel culo, come una poveretta, sola e dimenticata.

SILENZIO, PARLA LA PM (COME IMPUTATA)

Giunti inesorabilmente a questo punto della storia.., ci tocca segnalare questa ennesima perla della Pubblica Amministrazione.
Parliamo di Giustizia che, con la Sanità, è probabilmente l'ambito -l'Ente pubblico in senso lato- più importante.
Più che di Giustizia, con la 'G' maiuscola, parliamo di amministrazione di un qualcosa di simile, pur nella sua ambigua vacuità di fondo che dovrebbe almeno conservare il buon gusto della facciata. Ma nemmeno quello...

Ebbene, una PM (Pubblico Ministero) vien tempo fa promossa -formalmente- e trasferita presso una Procura di una Repubblica europea presso un tribunale di confine (ma vicino al suo luogo di origine), dopo esser stata rinviata a giudizio, imputata per il reato di perquisizione e ispezione personali arbitrarie, "perché abusando dei poteri inerenti alle proprie funzioni , eseguiva, coadiuvata da ufficiali di polizia giudiziaria, una perquisizione personale e una perquisizione della borsa e del fascicolo processuale dell'Avvocato 'XYZ' in assenza della previa emissione di un decreto di perquisizione e senza l'autorizzazione del giudice procedendo altresì all'interno di un'aula della Corte d' Assise, subito dopo la fine dell'udienza".

Insomma: la magistrata venne accusata di aver perquisito (e spogliato) gli avvocati difensori in Tribunale, al termine dell'udienza, alla ricerca di documenti che manco è riuscita a trovare, in una sorte di trance di onnipotenza indotta, diciamo così, dallo stress professionale.
Il processo a carico di questo magistrato, checché la Costituzione di quel Paese europeo non preveda Tribunali speciali, si è celebrato, in primo grado, presso un Tribunale ad hoc, non quello ove è stato commesso il reato, bensì uno creato apposta presso la capitale di quel Paese europeo.

Copiamo pari pari, di seguito, un compendio degli atti processuali, alcuni stralci d'interrogatorio con i commenti di chiara provenienza accusatoria, lasciando l'interpretazione dei fatti ai lettori.

Non tocca a noi giudicare l'operato della togata di quella Procura di quella Repubblica (europea) e della misteriosa promozione, segnaliamo quanto risulta essere agli atti del lungo procedimento giudiziario...

Lungo e silenzioso...

L'imputata, ad esempio, durante l'interrogatorio ebbe
a dichiarare: <<A quel punto io gli dico di calmarsi, di
accomodarsi, che ero un Pubblico Ministero
nell'esercizio delle mie funzioni, e anche se non avevo
preparato niente adesso mi sedevo e preparavo un
decreto di, di perquisizione. Ho utilizzato i mezzi di
fortuna che ho trovato, fuori c'era una fotocopiatrice,
ho preso due fogli bianchi, mi sono presa una penna e
mi sono seduta e ho descritto tutto quello che
avveniva .. omissis ...>>.
Quindi -quanta precisione!- anche se non aveva
preparato niente adesso avrebbe preparato un decreto
di perquisizione, utilizzando i mezzi di fortuna che
avrebbe trovato prendeva due fogli bianchi ed una
penna e dopo essersi seduta provvedeva non a
preparare un decreto di perquisizione ma a descrivere
tutto quello che avveniva ossia a redigere un verbale
delle operazioni di perquisizione.
Come nulla fosse: come se un verbale, alla fin fine,
fosse equipollente ad un decreto...
Ancora riguardo alla precisione scientifica della PM,
(testualmente): << .... Omissis ... la perquisizione
ebbe inizio alle ore 13:00 circa e si concluse alle ore
13:50 con esito negativo>>.
Ma, a leggere gli atti, si evince chiaramente che le
perquisizioni ebbero inizio alle ore 12:00 circa e si
conclusero alle ore 14:15.
Ma può un magistrato scivolare in queste
contraddizioni?

L'imputata (ndr: la PM) durante l'interrogatorio (ndr:
condotto da un altro PM), ebbe a dichiarare
(testualmente):<<.. omissis .. in questa convinzione
sicuramente erronea che ci fosse un quel .. un
comportamento collaborativo da parte dell'avvocato,

io avevo chiesto, perché non si sa mai nella vita, che il maresciallo che si era occupato di questa, di questa attività, cioè di sentire questa dottoressa, se poteva venire ad ****, eh! A ***** in Corte di Assise perché appunto per mio ausilio in questa attività, e la presenza .. avrete modo di vedere che nel, nel verbale c'è la presenza del tenente ***** che invece fu una presenza, fu una, un intervento diciamo così un po' necessitato dall'atteggiamento non certo collaborativo, anzi molto come dire di grande opposizione nei miei confronti ... minacciando appunto ogni forma di denuncia, ogni forma di ritorsione e quant'altro, e quindi il tenente ***** che si era – come dire – pen ... penso, perché l'ho visto nel momento in cui ***** mi ha sventolato il decreto sulla faccia ho visto l'intervento di ***** ... omissis ... Ho utilizzato i mezzi di fortuna che ho trovato, fuori c'era una fotocopiatrice, ho preso due fogli bianchi, mi sono presa una penna e mi sono seduta e ho descritto tutto quello che avveniva e ho fatto un decreto di perquisizione>>.

Pare ovvio che, al fine di difendersi disperatamente dalle accuse mossegli dalla Procura, la PM rinviata a giudizio, seppur tentennando, si sia aggrappata agli specchi più scivolosi.
Ma, l'unica domanda che lecitamente ci poniamo, può un magistrato inquirente assumere questi comportamenti?

Qualunquisticamente: quale autorevolezza può esercitare una figura simile?

Semplicisticamente, riportiamo la riflessione di routine: se prima o dopo questo fattaccio (perché di fattaccio si tratta, al di là dell'esito formale del procedimento giuridico dove un giudice comunque giudica un giudice…), questa PM avesse compiuto altri errori?

È un interrogativo lecito questo?
Pensiamo di si, perché a leggere gli atti, gli interrogativi, i dubbi spontanei su codesta amministratrice di giustizia (che rinvia a giudizio) nascono spontanei.Infatti leggiamo: riportata una parte della ricostruzione dei fatti "sulla base degli atti acquisiti" contenuta nelle motivazioni dell'impugnata sentenza (testualmente): << …. Omissis … l'imputata ha dichiarato che, pur non avendo presenziato a quest'ultima fase, poteva garantire che la perquisizione personale era stata eseguita con tutte le cautele, limitando il controllo alla giacca e alle tasche degli indumenti, evitando di far denudare i due legali … omissis …>>.
Ma l'imputata (ndr: la P.M) durante l'interrogatorio alla domanda del P.M . << Eh! Allora lei perché è rimasta fuori?>> ebbe a dichiarare (testualmente): <<Perché ho ritenuto che non, che non, come dire, che fosse più opportuno visto che era … che, si trattava di, di un uomo, come dire, se gli dovevano togliere la giacca che fosse più opportuno che io non ci fossi>>.
Come dire: io donna, tu uomo, il pudore, la castità magari… tanto sapevo che nascondeva qualcosa!
Ancora, a domanda del PM (testualmente): <<eh! la giacca gliela potevano togliere anche alla sua presenza insomma. Cioè ma perché, con quali modalità poi è stato eseguito questo segmento della perquisizione?>>. Domanda rimasta senza risposta.
Questa è una PM: non risponde.

L'imputata ebbe poi a dichiarare (testualmente):
<< .. omissis .. quando, quando poi si è trattato di procedere alla perquisizione sull'avvocato, credo che sicuramente gli sono state controllate le scarpe, credo ... omissis ... non mi risulta sia stato fatto spogliare>>.

Ancora una volta la ricostruzione dei fatti sulla base degli atti si rivela inesatta.

Infatti, l'imputata afferma che sicuramente alle parti offese sono state controllate anche le scarpe – non solo la giacca e le tasche degli indumenti ... – e che non gli risulta – e non che poteva garantire ...– che siano stati fatti spogliare.
Inesattezze sostanziali che all'interno d'un processo fanno la differenza, nel bene e nel male.

Forse più nel male, parrebbe constatare, vista un'ulteriore precisione del PM, in fase d'interrogatorio formale: <<... omissis ... Mi ricordo proprio che il mio capo disse .. insomma, come dire, pare brutto preparare un decreto di perquisizione nei confronti di un avvocato, cioè l'in ... l'interlocutore è un interlocutore insomma che, che conosce, come vanno le cose, e quindi io preparai un decreto di sequestro.. . Omissis ..>>.
Come dire: due pesi, due misure.
Un interlocutore con una laurea in Giurisprudenza e una pratica forense è cosa ben diversa di un non addetto ai lavori...
Questi personaggi amministrano la giustizia...

<< ... omissis ... e .. ma il, come dire, e .. parlandone anche col capo nell'ipotesi in cui le cose non fossero andate come ci aspettavamo avrei deciso lì per lì e avrei provveduto sul momento, che poi è quello che è accaduto ... omissis ..>>.

Questo è accaduto (accade), purtroppo in una Procura presso un Tribunale da qualche parte in Europa...

TANGENTI 4.0

SUI MONTI E SUL MAR.., abbiamo scoperto un intelligente meccanismo corruttivo, degno d'un film. Il sistema, che soprannominiamo con il nomignolo di 'Tangenti 4.0', per la sua avveniristica arguzia, viene attuato in una località turistica italiana.
Una cordata di imprenditori ha un problema: costruire un grande ed esclusivo albergo in una zona sottoposta a tutela paesaggistica dove, fino ad oggi, non si potrebbe nemmeno erigere un muretto.

Gli imprenditori escogitano allora, con massima astuzia e connivenze varie, il piano che segue e che sta effettivamente trovando attuazione definitiva.

Un'impresa dedita ad attività industriali (supponiamo che produca ciabatte) ha già un avviato stabilimento nel comune che interessa la suddetta zona turistica. Questa fabbrica di ciabatte (è un esempio) ha una peculiarità: è la sola a produrre ciabatte in loco, ha il monopolio del mercato locale delle ciabatte, nonostante le ciabatte prodotte altrove costino di meno, ma non può vendere ciabatte altrove.
Eppure, fa richiesta per costruire una nuova fabbrica, sempre di ciabatte, nonostante il mercato sia esclusivamente già suo e contestualmente saturo.
Gli uffici preposti alla tutela del territorio sviluppano allora una sorte di segretissimo piano di sviluppo che, guarda caso, prevede il cambio di destinazione di una piccola particella proprio di quella zona sottoposta a tutele: questi terreni sono tutelati, non edificabili ma, paradossalmente, in un pezzettino di essi si può erigere un fabbricato industriale.
L'unica industria in loco è, appunto, la fabbrica di ciabatte.Entra allora in gioco il politico di professione:

quando si dibatte ufficialmente sulla necessità di costruire una seconda fabbrica di ciabatte, egli temporeggia e si sottrae a prese di posizioni ufficiali, nonostante sia chiaro a tutti che costruire una fabbrica proprio lì sia una (inutile) offesa al territorio.
Quindi, sollevatosi comunque il polverone, egli concorda con quelli della fabbrica di ciabatte una sorta di gloriosa via di uscita: la seconda fabbrica non si farà, semmai la fabbrica originaria di ciabatte verrà convertita ad una produzione di maggior prestigio, diremmo di calzature eleganti.., ed eco-compatibile.
L'opinione pubblica allora si assopisce e ingurgita la pillola, dolce e assuefante, che le viene propinata da questo brillante meccanismo di relazioni pubbliche, complici i media che cascano o si lasciano cadere nel mirabile tranello.
Tutti danno per scontato, allora, che la fabbrica non si farà.
Ma, guarda caso, l'autorizzazione resta comunque sulla carta e, con fine stratagemma, quella particella destinata ad uso industriale, come per magia, viene 'dirottata' alla ricettività turistica: piuttosto che una fabbrica di ciabatte, è chiaro, tutti sono più contenti se si costruiscono piccole unità immobiliari, sicuramente carine.
La tutela paesaggistica risulta così formalmente salva: dimenticandosi tutti che lì non si poteva costruire alcunché, accantonato il -finto- proposito di costruirci una fabbrica, tutti tirano un sospiro di sollievo, per qualche casetta.

E se l'originaria fabbrica di ciabatte dice che produrrà scarpe eleganti, magari ci sarà anche qualche posto di lavoro in più.

Tutti sono più distesi e contenti, guardando più al dito che alla luna.

Fin qui, diremmo, nulla di nuovo sotto il sole italiano: un classico artifizio in uso in quest'Italia sempre più periclitante.Ma l'aspetto mirabolante della vicenda è questo: il metodo utilizzato per ricompensare il politico e gli uffici che hanno permesso questo distorsivo giochetto, imperniato su un falso allarme e sul tripudio di consensi seguenti al rocambolesco dietrofront mediatico.

Le mazzette, le classiche tangenti in denaro, sono pericolose e difficili da gestire.

Le 'Tangenti 2.0', in uso da una decina d'anni, sono state già esaurite in precedenza: il politico ed i suoi 'commensali' hanno già usufruito di gratifiche sotto forma di incarichi politici e di veri e propri posti di lavoro. É la mafia bianca, come la chiamano giornalisti e sociologi…

Pure le 'Tangenti 3.0', che vedono beneficiare di sussidi, finanziamenti, emolumenti e simili la cerchia parentale e clientelare del politico di professione, sono state esaurite.

Serve alla cordata d'imprenditori, per sdebitarsi, cucire la bocca al politico e legarlo a sé per sempre, un bel regalo, grosso ma 'pulito'.

C'è giusto un vecchio immobile, appartenente ad uno di questi imprenditori e ad un'infinita sequela di altri eredi, che, opportunamente restaurato, potrebbe divenire una preziosa fonte di reddito, affittandolo ai turisti.

Ma a comprarlo e restaurarlo, la spesa verrebbe ammortizzata forse in una ventina d'anni.

Il problema dell'acquisto viene così risolto: con una esemplare simulazione, il politico ne diviene proprietario, tramite usucapione. È tutto, formalmente e legalmente in ordine.

Geniale.

Il politico è quasi stato ricompensato e, ne siamo certi, ha trovato la pappa bella e pronta.
Ma le sue finanze non sono sufficienti a mettere in pratica i business.
Potrebbe essergli concesso un altro aiuto: il progetto potrebbe essere redatto da un amico degli imprenditori, ad un prezzaccio. E gli uffici preposti alla sua approvazione, si sa... mangiano con e dal politico. Progetto approvato.
Ma non basta: le demolizioni le fa allora un altro imprenditori del gruppetto che è molto grato al politico...

Ma qui sorge l'unico neo di questa bianchissima mafia.
Tutto fila liscio, tranne che lo smaltimento dei ruderi, degli inerti di cantiere che, trasportati e sversati temporaneamente, da uno degli imprenditori, con eccessiva spregiudicatezza, in una zona rurale già interessata da altre indagini, vengono sequestrati, destando altri sospetti ed attenzioni sulla loro effettiva origine...
Ma non preoccupatevi: le casette verranno comunque realizzate, con discrezione, e si noteranno poco; diverranno nel giro di qualche anno un bel resort, che frutterà milioni.
Ed il politico, finalmente, potrà chiamarsi, anche lui, imprenditore.

L'orgia condominiale

Viviamo tutti in un grande condominio. C'è l'amministratore, che ruba, e c'è l'assemblea, che è inutile. L'istituto è vetusto. Il sistema è vetusto. Come sciogliere il mega condominio?

Accade che le leggi regolamentino la vita delle persone: è la loro ragion d'essere.

Si presuppone che esse svolgano quest'importante funzione al fine di semplificare la vita degli individui. Non sempre è così purtroppo.Vi è un istituto giuridico che si chiama condominio: nell'accezione più stretta è il condominio abitativo, ossia un palazzo in cui più persone vivono, separatamente, in spazi propri ed esclusivi.Vista la vicinanza e la proprietà comune di alcune parti del condominio, alcune decisioni vengono prese tramite la democratica legge del voto. Si propone una cosa, la si discute, la si approva o la si rifiuta, sotto lo sguardo attento di un amministratore di condominio, teoricamente imparziale.Il più delle volte questo microbico diritto d'espressione viene storpiato, facendolo divenire, complice la subdola connivenza di alcuni amministratori poco trasparenti, un feroce rigurgito di odio e disprezzo: la perfidia è più diffusa di quel che si pensi; ed utilizza strumenti sottili.Le cause legali nate da questioni condominiali sono talmente tante che il censimento definitivo è impossibile: par che l'Italia, storicamente territorio d'origine dell'istituto romano del condominio, stia rovinando su queste stesse nobili e forti fondamenta. Quante assemblee condominiale sono state terreno di sanguinose battaglie, spesso fra parenti, rappresentando un fertile humus per i semi della discordia e per la rappresentazione di sentimenti di odio, disprezzo, rancore?

Quanto ingrassa la zizzania tra le mura d'un condominio? Quanti dispetti, inutili lamenti, raccapriccianti rappresaglie si materializzano dietro futili motivi, complice quest'impercettibile diritto a potere anche minimamente influenzare, negativamente, l'altrui esistenza?

Si sa: certe persone, accecate da invidie, gelosie, tanto illogiche quanto patetiche, si aggrappano a qualsiasi appiglio pur di offendere l'avversario. La gente sa essere cattiva e pretestuosa.

Qual miglior occasione di un'assemblea condominiale per dimostrare ai propri avversari quanto siamo cattivi e ostili?

E qual migliore occasione di un'assemblea condominiale tempestosa per l'amministratore disonesto che si riempie le tasche con i soliti trucchetti della consulenza extra-contrattuale, delle pulizie fantasma, delle sostituzioni a prezzi da paura, con i favori a chi poi gli rende il favore in un altro "affare"...

L'Italia, o meglio l'Italietta, ipocrita e lagnosa, è davanti a noi: una grande assemblea condominiale dove ognuno pensa, più che ai propri interessi, ai fastidi altrui, in questo diabolico anelito al loro incremento: intrighi, sotterfugi, favori...
Lo scenario è vergognosamente raccapricciante, tanto che, nella pratica, sempre più persone si rifiutano di prendere parte a questi rituali satanici: "piuttosto pago di più ma non ho voglia di vederli, né di sentirli" echeggiano sempre più bocche.

Chi è contento del proprio condominio, scagli la prima pietra!

L'Isola di MINCHIA

Si dice che quell'isola indipendente là di fronte all'Africa, fuori dall'Europa, prenda il nome dall'esclamazione lanciata da un esploratore che raggiunse tempo fa quelle adorabili coste. "Minchia", infatti, nella lingua locale che quel visitatore, venuto da lontano, ebbe modo di conoscere, sta per "evidente stupore, tanto fastidio e fredda constatazione di un qualcosa che va al contrario di come dovrebbe andare". Quel navigatore arrivò per caso, portato dal vento, sull'Isola di Minchia: il posto gli piacque, tant'è che valutò di sostare lì a lungo, magari trapiantarvisi con tutto il suo equipaggio, portandovi lì le sue cose, i suoi averi, i suoi interessi.

Ebbe qualche problema, praticamente da subito, non già con gli indigeni ma con altri abitanti locali che avevano avuto prima di lui la stessa idea di fermarsi lì a vivere, avviando un sordido traffico di schiavi. Problemi di compatibilità, diremmo, in quanto il nostro avventuriero seguiva un codice di comportamento esattamente opposto a quello di questi suoi "nemici", che in verità erano pirati veri e propri, la "Ciurma di latta", così chiamata perché utilizzavano questo materiale per confezionare i loro armamenti.
Più volte questi delinquenti, infatti, ebbero da ridire sul fatto che Paride, questo il nome dell'esploratore, raccontò del traffico di schiavi ad altri navigatori che capitarono nella zona, i quali a loro volta, navigando, lo fecero sapere a tutto il mondo allora conosciuto.
Per cui Paride venne ripetutamente aggredito da questi malfattori, venne infangato il suo onore, venne messa a repentaglio addirittura la sicurezza dei suoi cari.

Ma Paride, che, come abbiamo già detto, seguiva un codice di comportamento dettato dalle Leggi del suo Paese, codificate nei secoli ed improntate a quel senso di legalità di cui tanti parlano, ha sempre resistito alla tentazione di chiudere, con epici e sanguinari arrembaggi, le diatribe con questi criminali.

Paride, infatti, si affidò alla tutela delle guardie della Repubblica delle Banane, ente sovrano e sovraordinato, in teoria, all'isola di Minchia.

Prima andò dalle guardie Blu: da subito non capì bene se il loro castelletto era veramente la sede della loro guarnigione o uno strano ufficio di collocamento; fatto sta che raccontò loro l'accaduto, una prima volta. Ricevute le rassicurazioni del caso, se ne tornò a casa più tranquillo.
Passarono però i mesi e la "Ciurma di Latta" seguitò nelle sue intimidazioni: Paride allora tornò, con un certo imbarazzo, dalle Guardie Blu, dicendo loro << Ma allora che ci state a fare? Qui siamo punto a capo. Che non vi interessi del traffico di schiavi s'è capito ma almeno impedire ai pirati di assalire la mia barchetta...>>.

Le Guardie Blu lo rassicurarono nuovamente, anche se Paride iniziò a dubitare sulle loro reali competenze e intenzioni.
Infatti, dopo poco, la "Ciurma di Latta" riprese a bersagliare il nostro esploratore: lo insultarono, gli saltarono addosso, in un teatrino a metà tra Fantozzi e un film di Camorra, in cui fecero una impacciata comparsata addirittura due Guardie Blu.

Paride raccontò l'accaduto prima alle Guardie Blu e quindi ad altri navigatori che, parlando ancora con altre persone, fecero arrivare sull'isola di Minchia le Guardie Imperiali.

Queste ultime misero in guardia Paride dalle Guardie Blu, trovarono i pirati che commerciavano gli schiavi, confermarono il fattaccio in maniera ufficiale e avviarono, tramite la Repubblica delle Banane, un processo contro i pirati (l'esecuzione capitale era stata da poco abolita).

Passarono altri mesi e la "Ciurma di Latta" si fece di nuovo sentire: per ripicca presero di mira gli affetti più cari del nostro esploratore, aggredendo i più stretti ed inermi congiunti di Paride.

Questi ultimi tentarono di appellarsi ancora alle Guardie Blu ma, nel fare ciò, venne loro naturale esclamare "minchia", ossia "evidente stupore, tanto fastidio e fredda constatazione di un qualcosa che va al contrario di come dovrebbe andare".

Il capo delle Guardie Blu, stranamente, non c'era: <<Vabbè, ci vediamo domattina>>.

Intanto, il Capotribù dell'isola di Minchia, sentenziando di non essere uno sceriffo, predicò di riferirsi alle Guardie Dorate, una sorte di piccola guarnigione al soldo del Capotribù: i parenti di Paride andarono a trovarli ma, sempre con quell'"evidente stupore", si sentirono dire, dal vice capo delle Guardie Dorate, che <<Le Guardie Blu devono ascoltarvi, sennò noi non possiamo andare in giro,.. e basta con queste Guardie Blu, se ognuno facesse il proprio dovere... e poi noi non possiamo ascoltarvi perché due dei nostri erano presenti a quell'ultimo arrembaggio e non possiamo, contemporaneamente, ascoltare e parlare>>.

Passano le ore e i congiunti di Paride, oltre a sentirsi derisi, si fiaccano in salute.

Riprovano, allora, con le Guardie Blu: <<L'aiuto del capo non c'è>>, risponde uno, <<Chi vi ha detto che c'era è uno appena arrivato, tornate domani, Io vi posso ascoltare -e scriverlo anche- ma se lui non firma...>>.

Ad andare su è giù dall'Approdo di Paride al castelletto delle Guardie Blu, però, ci vuole tempo, sono circa 8 leghe, in mezzo ad asini e capre, con un caldo bestiale.
Paride ha un unico carretto e deve badare costantemente al suo gregge.
Paride ha un'idea: <<Andiamo dalle Guardie Verdi, son qui dietro, il loro capo sembra in gamba...>>.
Ma il Capo delle Guardie Verdi è già in mutande: conferma, però, che all'indomani mattina avrebbe certamente ascoltato i congiunti di Paride.
Meno male, perché un altro navigante avrebbe fatto fagotto, avrebbe levato le ancore e se ne sarebbe andato dall'isola di Minchia, lasciando impuniti i mafiosi della "Ciurma di Latta".
La mattina seguente, però, il Capo delle Guardie Verdi dice tutt'altro: <<Io penso ad altre cose, questa faccenda è da Guardie Blu>>.
E aggiunge, visto che tutti oramai parlano di questa grottesca vicenda: <<Deve essere una questione di famiglia, tra di voi, con questi pirati della "Ciurma di Latta"!>>.
Chissà se in famiglia sua maledicono i bambini e menano le donne incinte...
E Paride ricordava bene che questo signore fu il primo ad ascoltare, in anteprima, la storia del traffico di schiavi ma questi, come allora, non fece nulla.
Passa una mezz'ora e finalmente l'aiuto capo delle Guardie Blu, contattato dal capo della Guardie Verdi, dal Capotribù e da qualcuno più su nella Repubblica delle Banane, acconsente ad ascoltare i familiari di Paride: ascolta e mette qualcosa su pergamena, non tutto, con qualche obiezione e mille cautele nei confronti dei pirati della "Ciurma di Latta".
E aggiunge: <<Ho sentito cosa ha detto Paride, c'è stato un equivoco, mi piacerebbe parlargli...>>.
Pare a Paride e ai suoi che queste Guardie blu abbiano

paura della "Ciurma di latta".
Ma l'ultimo colpo di scena viene dal Capotribù: mentre
nella Repubblica delle Banane tutti parlano di quanto è
accaduto -un fatto gravissimo, una pericolosissima
reiterazione aggravata di reati già commessi e rimasti
impuniti o quasi-, nell'isola di Minchia tentano di
celare la vicenda anche se, in questa stagione, milioni
sono i naviganti che, appunto, navigano e tutti sanno,
hanno già capito e, soprattutto, già intuivano.
Ebbene, il Capotribù dell'isola di Minchia affigge un
cartello al porto, alle 14.47, scrivendoci sopra:
<< La festività di Santo Travaglio è stata
caratterizzata da una presenza turistica massiccia e
dalla presenza costante delle forze dell'ordine per
strada, mentre la gente passeggia o cena ancora al
chiaro di luna. Isole sicure, quindi. Ringrazio tutte le
forze dell'ordine che hanno contribuito a garantire
sicurezza e vivibilità alle isole prevenendo, con la loro
presenza costante, incidenti o problemi di qualsiasi
natura. Il Capotribù ringrazia le Guardie Blu, le
Guardie Bianche (ndr: anche queste ci sono) e le
Guardie Verdi, per l'opera di prevenzione effettuata
senza sosta>>.

Si è dimenticato delle Guardie Dorate.
Minchia!

La fiaba della Pubblica Amministrazione

Un inutile dirigente pubblico da 117.819,90€ annui
(più contributi e rimborsi spese) ha scritto questa
perla, nel fu ricco Nord Est, per comunicare al piccolo
ma esasperato creditore, che le paga lo
stipendio, quando verrà saldato un annoso debito
dell'Ente inutile che Sua Maestà dirige, al vertice di
una pletora di impiegati indolenti, autoreferenziali ed
inutili:

"Per il pagamento abbiamo attivato le necessarie
procedure, che hanno richiesto dei tempi tecnici e che
si concluderanno con la prossima liquidazione della
somma".

Che non significa nulla: un giro di parole per non dire
quel che nemmeno sa, senza però farlo sapere,
condito con spocchia, saccenteria e protervia
mercanteggiante che, per decenza, non vi riferiamo.

Vi diciamo solo che il debito accumulato dall'Ente (che
tenta sempre più...) risale a 24 e 12 mesi precedenti.

Nel 2015, ormai 2016, con un Paese che arretra ogni
giorno di più nell'individualismo arraffone, noi
paghiamo personaggi del genere e gli paghiamo pure
continue vacanze, celate dietro a presunte missioni in
Italia ed all'Estero. Chissà che danni!

E questi personaggi hanno questo papale potere
perché si circondano di innumerevoli leccapiedi che
per una mancia vendono la propria dignità, complici e
succubi nel contempo.

Intrighi e delitti nel mondo dello sci

Finalmente un po' di respiro da tutto quel lavoro perennemente in agguato: un lavoro che cattura, che non distingue più tra il giorno e la notte, avaro di riposo, soprattutto mentale.
Valentino Pupazzi, affermato cronista del principale giornale locale, aveva staccato la spina: <<Vi mollo per dieci giorni!>>, aveva sentenziato via *mail* ed SMS ai tanti interlocutori professionali, per lo più rompiballe in cerca di personale notorietà.
Con l'ultima inchiesta s'era imbrogliato in un vicolo cieco: il suo direttore non gli parlava più, convinto com'era dell'inutilità di quell'ultimo caso.
Friuli DOC [1]capitava giusto a puntino: giorni da spendere in ozio e gozzoviglie, lontano da questioni di lavoro, mutismi da violare ed attese imbarazzanti.
Indeciso se mettersi subito a dormire ("un riposino ci sta, sono le 16, ho appena terminato di pranzare…", pensò) o lanciarsi nella festa cittadina ("è il primo giorno, tanto son nervoso, non riuscirei a coricarmi, meglio che mi dedichi ad attività più goderecce, così poi mi stanco per bene e me la dormo tutta fin che non cado dal letto…"), opta a breve per la seconda opzione.
Si lancia in bagno, afferrando accappatoio e *shampoo,* ne esce lavato e profumato dopo quattro minuti, infila *jeans* e camicia bianca, scarpe nere, giacca grigia, annoda un cravattino anch'esso nero e scende in strada dall'ingresso posteriore della palazzina, giusto giusto in via della Prefettura, a cento metri dalla bolgia di Friuli DOC.
Scendendo, come ogni giorno, incespica nel selciato,

---

[1]   Manifestazione eno-gastronomica a carattere di sagra che si tiene a Udine a Settembre.

sulla soglia della pesante cancellata metallica; nella goffaggine della scena si graffia la mano destra urtando lo specchietto d'una macchina, buttata lì con le quattro frecce accese, schiacciata in un mezzo parcheggio.
Naturalmente Valentino lascia andare, sottovoce, colorite imprecazioni, dedicandone le migliori al proprietario di quella Porsche color perla: ma la ricerca del colpevole è vana, tira innanzi e dopo pochi metri ha già rimosso l'accaduto.

E via!
Ogni metro incontra amici o conoscenti, si dirige ai chioschi ed inizia con le libagioni: spazia dai cibi ai vini, non tralasciando nulla, nemmeno gli amari.
Dopo tre orette, all'imbrunire, viene avvinghiato da due mirabili donne: Katia e Debora, a lor dire avvocato e notaio, ebbre di alcool quanto provocanti, infilate in due tubini scuri, su tacchi mozzafiato...
<<È il momento di ag-grappa-rsi alla vita!" urla Valentino entusiasmando le due procaci avventrici: impugna una bottiglia di Storica Nera[2], si intreccia tre bicchierini alla mano sinistra, allarga le braccia e stringe a se le due giovani donne. Da lì l'intesa è repentina: in un turbinio di braccia, gambe e fianchi, i bicchieri si riempiono e volano alle labbra; l'ilarità, nella confusione della piazza, incrementa gli ardori e, <<Ag-grappa-ti! Ag-grappa-ti a me!>>, il trio si lancia in vergognosi eccessi.
La notte è lunga e la grappa non sembra tagliare le gambe: anzi!
Più Valentino ne beve e più si sente rinvigorito, un indomabile toro..
I tre saltellano da un vicolo all'altro, passando in rassegna localini, osterie, baretti ed allegri gruppetti di

---

[2]   Grappa prodotta dalle distillerie Domenis, Cividale del Friuli (Ud).

avvinazzati che passeggiano con bottiglie e bicchieri alla mano.
A un certo punto l'attenzione di Valentino è allo stremo: si sente confuso, travolto da percezioni dionisiache, sicuramente ubriaco, felice ma con una grandissima confusione in testa.
Vede Katia, la bionda, che discorre con un tipo cravattato rosso, mentre Debora, insaziabile, lo palpeggia, baciandolo, fraseggiandogli all'orecchio proposte sconce e desideri animaleschi.
Dietro il tipo grasso con la cravatta rossa intravvede una Porsche bianca: a questo punto Valentino sente dolore alla mano destra, si accorge che è gonfia…
"tutta colpa di quella macchina!"; capisce infatti che è la stessa auto sulla quale era inciampato nel pomeriggio, la insulta e si mette a biascicare parole incomprensibili, indirizzandole a quel <<lardoso con la cravatta rossa>>.
Debora inizia a sospingerlo; mentre Katia apre la portiera del guidatore, Valentino, scrutando negli occhi il personaggio con la cravatta rossa, viene catapultato al volante; gira la chiave, innesta brutalmente la marcia e il motore si spegne bruscamente; si sente mille mani addosso e le sirene di Ulisse che gli consigliano caldamente di partire per andare a impazzire di piacere.
Questa volta innesta la frizione, il rombo è fragoroso, parte slittando gli pneumatici sul lastricato, sfiora un passante, sbatte su un bidoni dei rifiuti, rientra in carreggiata e parte a razzo, verso l'ignoto dell'eccesso.

Si risvegliò incredibilmente rilassato: prima di muoversi, facendo una sorta di conta dei danni, provava a sentire tutte le parti del suo corpo, ricordando quelle vocine che gli dicevano che era un gran bel corpo. Sembrava tutto a posto: testa ok,

mani e piedi ok, collo ok…
Era al buio e non sapeva esattamente dove si trovava:
tentò allora di cercare una luce, un accendino…
ravanando con la mano a destra e sinistra, percepiva
solo tessuto, lana o cotone…
<<Dove sono?>> chiese a qualcuno che forse si
trovava in quella stanza.
Nessuno rispose: sentì solo un brutto odore, un misto
di umido e ammuffito.
Iniziò ad alzarsi, muovendosi a tentoni tra coperte o
cose simili: era proprio buio pesto e aveva tanta voglia
di guardarsi attorno. <<E se fossi divenuto cieco?
Troppo alcool..?>>, si chiese.
Sbatté allora il capo su una superficie rigida: al di là
della parolaccia si convinse che, seguendo con le
mani, quella struttura, avrebbe trovato una via
d'uscita.
Così fece, s'armò di buona volontà, anche se era
affamato e seguì quella strada: toccò a breve, lungo la
parete, un interruttore a manopola, lo girò di qua, lo
girò di là e luce fu!

Tirò il fiato e rimase spiazzato dallo scenario: non una
camera d'albergo, non una stanza da letto, un
soggiorno o una cucina, bensì un desolante scantinato,
pieno di vecchie coperte marroni coperte di aloni e
macchie di colore; erano sicuramente quelle usate
dagli imbianchini per riparare pavimenti durante lavori
di tinteggiatura.
Salì le scale, fuggendo da quel malsano ambiente e
schifandosi per il posto ove aveva dormito: la tromba
delle scale introdusse a breve la luce naturale; lo
scalone largo largo, con un passamano metallico di
colore bluastro, lo portò brevemente ad un grande
salone, illuminato da una vetrata colorata grande
quanto una casa.
<<Dove accidenti sono finito?>>

Il dubbio diveniva angoscioso: <<Che casino!>> fu
l'amara sentenza di Valentino.
La vetrata scendeva in un piano ribassato: là sotto si
distingueva chiaramente una serie di porte antipanico,
di quelle con la maniglia a spinta: corse lì Valentino,
con un ansioso groppo in gola, scagliandosi sulla
sbarra nera; le provò tutte ma risultavano sempre
irremovibili.
A scatti, riprovando e riprovando, saltellò dall'una
all'altra, contandole tutte e sei: <<Niente da fare,
queste stronze son chiuse da secoli... ma dove diavolo
sono? E le squinzie di ieri sera dove sono finite? Che
ho fatto? Dove sono? Dove sono?...>>.
Valentino non si dava pace; tutto era contro di lui: le
circostanze, i fatti, la realtà tutta.
Ci pensò parecchio; rivide i suoi ragionamenti sul
lavoro, le riflessioni sul necessario *relax*, il fatto che la
vita scombinata che conduceva gli dava sì da fare, da
guadagnare, celebrità e valore... ma non ce la faceva
più, troppe erano le novità, i cambiamenti, le
situazioni impreviste, le circostanze enigmatiche.
Così, per pensare, gli cadde l'attenzione sugli ultimi
avvenimenti: avrebbe dovuto trovare una via di fuga,
svelare questa sua misteriosa ricomparsa in un luogo
sconosciuto dal quale non poteva uscire... invece si
mise a riflettere, contando le macchie e gli strappi sui
suoi vestiti ed i graffi sulle scarpe orridamente
imbrattate, a pensare a quell'ultimo *fax* che aveva
ricevuto, in cui quella banca svizzera decretava
perentoriamente di non poterlo aiutare, di non essere
autorizzata a svelare il nominativo che stava dietro a
quel conto corrente.
Erano mesi che ricamava, vuoi con fantasia, vuoi con
fiuto investigativo, su quello strano giro di conti
bancari, di importi folli che venivano dirottati dalla
Giulia, istituto finanziario a capitalizzazione regionale,
a conti "fantasma".

Tutto era nato dai bilanci di una società pubblica che gestiva lo sci di quella zona: si trattava di affari milionari, soldi di tutti che servivano, in teoria, al sollazzo di tutti. Grazie ad un'importante indiscrezione finanziaria, fornita da una delle talpe (<<Bella donna, l'Emanuela!>>) che Valentino utilizzava, intrecciando il privato al lavoro, era riuscito ad annusare "puzza di marcio".

Come s'era perso tra i meandri informatici della finanza internazionale, così Valentino non si raccapezzava in questa situazione, inserito in un contesto sconosciuto, senza alcuna via d'uscita.
Intraprese la via delle scale, salì i gradini dai quali era salito e proseguì ai piani superiori; qui però non si concludeva nulla: un lato era cieco e dall'altro le porte erano chiuse.
Più sopra intravvide a terra frammenti di vetro; salì i gradoni, vide un finestrone, questo sì con vetrate trasparenti; lo raggiunse, calpestando i cocci di vetro.
La finestra era abbastanza alta, sui due metri circa; capì che vi era ancora un piano e che i vetri in terra provenivano da quell'altezza.
Solerte proseguì nella sua ricerca, sinché, al piano superiore scoprì la vetrata infranta e da qui s'affacciò.
Dava su un angolo dell'edificio che proiettava solo sui muri dello stesso.
A fianco v'era però un'altra finestra, con robuste inferriate di ferro, attraverso le quali si scorgevano i tanti quadrati azzurri del cielo.
Guardò oltre e il mistero si tinse di nero: quell'edificio dava su via Piave, a pochi metri da casa di Valentino.
Scorse un certo traffico per strada, segno che era già mattino inoltrato; fece caso che si udivano i rumori della festa, il frastuono di sottofondo di Friuli DOC: <<Forse è già pomeriggio>>, disse a se stesso, anche per infondersi un po' di coraggio.

Valentino Pupazzi non portava l'orologio, detestava i cellulari e quindi, complice anche l'atmosfera vacanziera, aveva lasciato il suo telefonino chissà dove, probabilmente a casa.
Chiedendosi che ora fosse si pose anche quest'interrogativo: <<Che giorno è?>>.
E quell'edificio, così sconosciuto quanto familiare come posizione, che posto era?
Fece mente locale, tentando di controllare la paura dell'ignoto, la propria agitazione fisiologica e la pesante nausea che gli stava salendo dallo stomaco, su, su, fino ai polmoni; capì, riassemblando i tasselli, che quel luogo doveva essere il vecchio cinema Odeon, dismesso da anni e lasciato al suo nobile abbandono.

Rivide la scena: lui che entrava rompendo il vetro, inciampava, come al solito, su qualche ostacolo e, senza rompersi nulla, volava giù dalla tromba delle scale, planando fortunatamente sulle coperte dei pittori, ammassate lì in fondo, e lì si adagiava, contento di non essersi rotto nulla, al caldo di quei tessuti sintetici che non puzzavano perché forse lui, dopo ore di "battaglia", puzzava di più.
Pensato questo, seguitò nella ricerca del perché principale: "Cosa cavolo ci faccio qua?".
Ma preferì sincerarsi di potere uscire da lì: intraprese la via della finestra sfondata, trovò un largo cornicione, si indirizzò alla gronda, ricamata con comodi fronzoli stile *liberty* e vi si calò giù. Capì che il salto era troppo anche per lui: a lato però vi era una struttura, una sorta di ponteggio che creava un passaggio per l'edificio sull'altro lato della via: cercò di passarvi sopra, ci riuscì e rincorse, ora stanco e confuso, una possibile via di discesa.
Saltò su di un terrazzo, intravvedendo la finestra del bagno di casa sua a circa venti metri in linea d'aria,

s'aggrappò ad un albero del parco adiacente e discese a terra, gravitando, in ultimo, sopra un mucchio di rifiuti: sacchi e scatoloni celavano però qualcosa di rigido. Valentino scostò con i piedi la sommità del cumulo e scoprì una lamiera bianca.
Scendendo da quel mucchio, scivolò di nuovo e con il braccio asportò un altro strato di materiale.
Sorpresa delle sorprese, le immondizie celavano un'auto sportiva, color avorio.
Subito la memoria echeggiò angosciosa: era l'auto ferma con le quattro frecce, la stessa dell'uomo con la cravatta rossa, quella con la quale partì a tutta birra là dove terminavano i suoi ultimi ricordi.
Lo sgomento lo assalì ma Valentino non restò lì inebetito: diede un paio di calci al cumulo di rifiuti, fece suonare sordamente le lamiere del prezioso contenuto e trotterellò incerto verso l'uscita del parco, conscio di essere vicino alla meta.

Finalmente a casa! Era rientrato, senza chiavi, dal poggiolo: quando prevedeva di "fare serata", non chiudeva mai le serrande. La portafinestra, opportunamente socchiusa, gli consentiva sempre e comunque di riguadagnare l'intimità di casa.
Era stordito, attonito ed incredulo: non riusciva a spiegarsi l'accaduto né, tanto meno, a rievocare qualche passaggio, dalla sua fuga sprintosa con la Porsche al suo risveglio in quel vecchio cinema abbandonato.
Era nauseato, dai bagordi e da quell'incomprensibile situazione.
Guadagnato il sofà del suo salotto, ritrovò il telefono cellulare: era spento, con la batteria esaurita.
Attaccato l'apparecchio alla linea elettrica, lo accese ed attese di poterlo utilizzare.
A breve le vibrazioni lo avvisarono dei numerosi messaggi.

Scorsa la lunga lista, capì che l'aveva ripetutamente cercato la sua praticante: Elda la battagliera, splendida ragazza dalle forti ambizioni.
Fece subito due squilli e la sua assistente rispose:
<<Sei vivo? Sei proprio tu?...>>
<<Certo che sono vivo... perché? Non credo di avere ucciso nessuno...>> sbottò Valentino, ignorando il disgusto dell'inconsapevolezza.
<<Dove sei finito? Siamo tutti in pensiero... ho sentito tua madre, i Carabinieri, tutti ti cercano... cosa hai combinato?!..>>
Valentino mugugnò un sordo lamento, evitò i dettagli, si limitò ad un <<... tutto sotto controllo, Elda; solo che non so nulla di cosa sia accaduto, mi sono risvegliato da poco, ora sono a casa, non ti dico dov'ero...>>.
Elda sospirò: <<Ho pianto per te, ora sono felice ma non puoi far finta di niente, quel che è successo... non sei sulle prime pagine perché la notizia s'è diffusa subito dopo la stampa..; ci è arrivata una segnalazione anonima, un cadavere nel Cormor, vicino a Pagnacco, contemporaneamente eri scomparso...; i Carabinieri hanno battuto la zona, hanno trovato tante tracce ma ancora nessun cadavere; tu non davi notizie, come la solito... dimmi che stai bene, ti cerchiamo da due giorni!>>.
<<Si, si, sto bene, ho mal di testa, la mano gonfia, un ginocchio indolenzito, i muscoli intorpiditi ma sto bene. Elda! Sono sincero: non ricordo nulla...>>

Due giorni eran trascorsi: Giovedì sera, Venerdì e quindi era Sabato; due giorni dei quali nulla ricordava.
Lasciò Elda con un: <<Vado a farmi una doccia, ti richiamo dopo...>> incurante delle ennesime raccomandazioni della giovane donna.
Uscì repentinamente di casa, si aggirò per il circondario, tornò sui suoi passi e prese la via per il

parco. Raggiunto il cumulo di rifiuti, vi sbatté contro, riportando alla luce la Porsche: era aperta, tutta ammaccata e lurida di fango. L'abitacolo sembrava vuoto ma vi scorse una sorta di cuscino bianco: lo impugnò e, sollevatolo, gettò a terra quel morbido reperto, inorridito.
Non riuscì a placare un conato di vomito: questa fu la sua reazione alla vista di quello scempio.
Un cigno con la testa mozza! E la testa giaceva sul sedile posteriore, il sangue era colato sulla tappezzeria, piume e penne giacevano a terra, madide di quel liquido rosso.
Visitò nuovamente l'auto con lo sguardo: la carrozzeria era distrutta, traspirava ancora un acre odore di bruciato ed erano visibili, sulle superfici piane dell'abitacolo, strisce di polvere bianca. Corse lì con il dito indice, toccò la polvere e assaggiò il polpastrello: non v'erano dubbi, era cocaina.
Il gusto della sostanza gli smosse una strana animosità: iniziò a salivare, il respiro si fece affannoso e capì che il suo stato confuso ed ansioso era riconducibile ad una sbornia di cocaina.
<<Ma con chi? Dove?>>: questo continuava a chiedersi Valentino Pupazzi, conscio del fatto che fosse accaduto qualcosa di grave.
Tornò repentinamente a casa, chiuse a doppia mandata la porta d'ingresso e sbarrò la finestra che dava sul poggiolo. Prese il telefono e compose il numero di Elda… <<I Carabinieri stanno venendo da te, non scappare, hanno buone intenzioni, fidati di me…!>>.

Il campanello strillò quasi all'istante: <<Che palle questa vita frenetica!>> esclamò Valentino, incurante della delicata situazione. Uno scatto, due scatti e tre Carabinieri si fiondarono in casa. <<Maggiore Trapani, qual buon vento?>>.

L'ufficiale stentò a parlare ma alla fine esordì: <<Lei è vivo, Pupazzi. Cosa ha combinato?>>.

<<Non lo so>>, rispose Valentino,<<tutto quel che ricordo è una serata con due amiche>> e, dicendo ciò, si ritrovò tra le mani, frugando nelle tasche dei pantaloni, un perizomino nero...

Lo esibì con orgoglio, mentre il silenzio dei tre incrementava l'incertezza di tutti.

<<Lei l'ha fatta grossa: stavolta la galera si aprirà per Lei. L'ho sempre tenuta d'occhio, è sempre riuscito a cavarsela ma ora ce l'ho in pugno. Omicidio, caro mio! Trent'anni almeno!>>

<<Non diciamo cazzate! Io non c'ero e se c'ero non ricordo. Come sempre...>>, rispose Valentino, meditando che il Maggiore Trapani bluffava.

Infatti, dopo secondi di silenzio interrotti dal continuo cicalare delle radioline, l'ufficiale dei Carabinieri raccontò l'accaduto: <<Lei è stato visto, in evidente stato di alterazione... partire da solo a bordo di una Porsche che stiamo ancora cercando. Testimoni hanno dichiarato di averla vista transitare, all'alba di ieri mattina, nell'abitato di Pagnacco; qua, presa la via per Fontanabona, s'è lanciato nelle strade dei campi, ha raggiunto un'altra vettura, poi ritrovata sul letto del torrente Cormor... ricorda niente?>>

<<Come fossi appena nato>>, glissò Valentino.

<<Sin qui parleremmo di ritiro di patente a vita>>, seguitò il Maggiore, <<se non fosse che a cento metri da quest'auto, una Audi 6 di colore grigio, è stato rinvenuto, cinque minuti fa, il cadavere d'un noto professionista udinese... ma Lei, chiaramente, non sa di chi si tratta...>>.

<<Mi legge nel pensiero, Maggiore...>>, seguitò Valentino con sardonico atteggiamento.

Squillò allora il cellulare di Valentino, sottraendo il Carabiniere da una vistosa impasse relazionale.

Valentino rispose: era Elda, la preziosissima Elda.
<<Ho novità, ti posso dire?>>
<<Si, sono in compagnia dei corvacci, dimmi pure...>>
<<rivedendo le immagini passate al TG, quelle della videocamera di sorveglianza di Piazza del Pollame, ho identificato la donna che ti ha caricato su quella bella Porsche: è Katia Bonagia, *escort* di lusso che fa la spola tra Austria, Italia e Svizzera>>.
Silenzio: imbarazzo od inquietudine? Nemmeno Valentino lo capiva.
Elda seguitò: <<Ho ridisegnato l'accaduto: visto il tuo scellerato tenore di vita, la donna ti ha avvicinato con estrema facilità, ti ha portato, immagino drogandoti, all'auto, ha scambiato due parole con un omaccio vestito elegante – la telecamera fornisce immagini in bianco e nero – ti ha galvanizzato, chissà come.., e tu sei partito. Ricordi dove sei andato?>>
<<No>> e mise giù il telefono.
Trapani lo mise sotto torchio, lo tempestò di domande ma Valentino lo interruppe: <<Chi è il cadavere?>>.
<<Lucio Vigoni.>>
All'istante la mente di Valentino Pupazzi si aprì su uno scenario rimasto celato, vuoi dallo shock, vuoi dai fumi di alcool e droghe. Costrinse i Carabinieri a seguirlo: <<So dov'è la macchina...>>
Raggiunsero tutti e quattro il parco e lì rinvennero la Porsche, ridotta ad un rottame.
Il cigno era in terra; si scorgevano sul sedile posteriore un paio di fogli, stampati probabilmente da un *fax*.
Il Maggiore Trapani li lesse e proferì: <<Ha avuto a che fare con la RynoBank?"
<<Si, per lavoro.. avevo richiesto alcune informazioni su un conto bancario ma nulla è trapelato...>>
<<... perché questi documenti la interessano, riguardano lei e questa banca ma non sono destinati a

Lei. Pupazzi, Lei è nei guai!>>
Quel nome, la banca, il cigno, la macchina... Valentino
non ci credeva. Chiese: <<Ma Vigoni com'è morto?>>
<<É stato investito da un'auto, sbalzato su una grossa
pietra e lì è finito...>>

A volte la mente concede insperate sorprese: portato
al Comando dai Carabinieri, dichiarato in stato di
fermo, Valentino riuscì a ricordare qualcosa.
Partito di gran lena con la vettura, s'era diretto,
perché esausto, a casa propria, percorrendo circa due
chilometri e posteggiando quell'auto sul marciapiede.
Giunto a casa trovò una terribile sorpresa: un cigno, di
quelli che vivono nella roggia sottostante, giaceva
appeso alla porta d'ingresso; la testa era mozza, quasi
staccata dal collo, orribilmente penzolante. Valentino
capì che si trattava di una intimidazione, del tipo
<<Se hai cara la vita, desisti dalle tue indagini...>>
Avendo capito, alla faccia del suo direttore, che la
pista era giusta, che stava scoperchiando un sordido
complotto, incurante del proprio disequilibrio
psicofisico, era fuoriuscito di casa, all'alba di giovedì,
per riprendere la Porsche e dirigersi ovunque, pur di
non stare a casa a fare nulla.
Ma altri ricordi non tornavano alla mente.
Venne richiamato ad udienza dal Maggiore Trapani,
uscì quindi da quella specie di cella-ufficio ove stava
recluso da parecchie ore e si presentò al colloquio.
L'Ufficiale l'accolse offrendogli una sigaretta che
Valentino si gustò avidamente.
Ascoltò le parole del Maggiore: <<Grazie alla solerte
attenzione della sua collaboratrice, Elda di Pers,
abbiamo rintracciato le due squillo che l'anno
abbordata l'altra sera. Hanno subito chiarito la loro
posizione, confessando di essere state incaricate di
farla, diciamo così, inebriare, per poi invogliarla ad
una corsa suicida su una potente autovettura, quella

che è stata ritrovata nel parco. Dai dati
dell'autovettura siamo risaliti alla proprietà, una
società finanziaria svizzera, riconducibile alla
RynoBank. Inoltre siamo certi che Lucio Vigoni è stato
ucciso da quest'auto: le ammaccature e le tracce
ematiche corrispondono. Inoltre, non lontano dal
cadavere, è stata rinvenuta una pistola, probabilmente
sbalzata durante l'impatto. Le impronte rilevate
sull'arma sono di Vigoni. Mancano tre colpi,
probabilmente sparati a ridosso di questa circostanza
dall'esito mortale.>>
Valentino non poté far altro che deglutire, speranzoso
di riacquistare la memoria dell'accaduto.
<<La sua situazione sta peggiorando: come da miei
sospetti Lei ha ucciso il Vigoni; è da appurare se abbia
compiuto il delitto con dolo o per legittima difesa.
Sappia che il Vigoni era, nell'ultimo periodo, un nostro
sorvegliato speciale...>>

Riflettendo e, soprattutto, smaltendo la sbornia,
Valentino Pupazzi iniziò a vedere più nitidamente
l'accaduto e così riferì agli inquirenti: <<Sono uscito
nel pomeriggio dal retro della mia abitazione; quella
Porsche era parcheggiata lì ma non ho badato alla sua
presenza; ricevo tante minacce ma poche serie.. solo
ora capisco di avere toccato un nervo scoperto: quelli
dello sci fanno soldi a palate ma non con gli skipass,
bensì facendo lievitare le spese di gestione e gli
investimenti strutturali. La RynoBank ricicla questo
flusso di denaro; Lucio Vigoni, più che la mente, è il
braccio operativo dell'organizzazione, in tutto e per
tutto identificabile con la mafia Carnica, una sorta di
Cosa Nostra nostrana che non guarda in faccia
nessuno. Il cigno era l'ultima intimidazione del caso.
Quelli hanno deciso di farmi fuori. Come? Semplice:
imbottendomi di alcool e droga e facendomi schiantare
con quel bolide. Non ci sono riusciti, ho ritrovato il

cigno solo al mio rientro, ricordo di averlo afferrato, portato con me in auto ed essermi diretto a casa del Vigoni.>>

Tutto sembrava essersi chiarito, le immagini dell'accaduto finalmente riaffioravano alla mente di Valentino: <<Lo scoop è mio, se Le soffio tutto, Lei mi lascia andare>>.

Trapani annuì; <<Giunto da Vigoni, lo trovai che usciva in auto, diretto ai suoi tanti affari, tutti poco chiari.>>

Vistomi arrivare, incredulo del fatto ch'io fossi ancor vivo, scappò: io lo insegui e ci ritrovammo in campagna, non so dove; qui lo rincorsi, scendendo in una strada bianca ma lui si dileguò. Tutto ad un tratto me lo ritrovo davanti: ricordo il rumore di ferraglia, procedevo su un terreno estremamente accidentato, forse il letto d'un fiume; Vigoni stava dritto su una piccola sommità, c'era oramai la luce del sole; mi puntava un'arma contro, mentre io procedevo in mezzo a quei maledetti sassi; ho visto solo la sua enorme pancia, tra spruzzi di fango e boati di esplosioni: ho tentato di evitarlo ma l'ho investito>>. "Ho fatto bene", pensò tra se.

<<In qualche modo rientrai in città, con la macchina scassata: sentivo la stanchezza, mi ero perso, ero distrutto e drogato. Ho preso la strada sbagliata, sono entrato nel parco, sbattendo su un mucchio di rifiuti: pensando di rientrare in casa dal retro, ho fatto un giro interminabile, disorientato com'ero, arrampicandomi e finendo cento metri più in là, rovinando dentro il vecchio Cinema Odeon. Qui sono letteralmente crollato, abbandonandomi ad un sonno comatoso per più d'un giorno>>."Meno male", pensò, "cercavo proprio di dormire...".

<<Poi la storia già la conoscete...>>, aggiunse risolutorio.

Dopo un'oretta Valentino Pupazzi mandò un messaggio: "Cara Elda, come farei senza di te? Vieni a prelevarmi dai Carabinieri, mi hanno tolto la patente... baci".

Die Wettermaschine

"Crisi agricola: scarseggiano le derrate alimentari".
"Esodo: l'Unione Africana attua i respingimenti".
"Il gelo eterno: Nord Italia senz'acqua, allarme sanitario".
"Nord Africa: si agli europei che depositano un milione di euro".
Titoli di giornali, gli ultimi, dell'anno prima: ne era pieno un furgone, ritrovato in fondo alla scarpata, venuto giù con la strada dopo la sesta galleria. La chiamavano la "strada dei sette nani", quando la percorrevano i turisti.
« Faccia raccogliere il carburante, portate su anche tutti i giornali! Fate presto!», ordinò il Capitano Primo al Tenente Pupazzi. Ma gli Alpini si erano già messi a succhiare con un tubicino il prezioso liquido, riempiendo le taniche; portavano a spalla le pile di carta, salendo in quel cunicolo di neve dura verso il loro improvvisato rifugio.
Da due settimane erano bloccati lì, in quella galleria ostruita dalle terribili slavine dell'anno prima e dal disumano gelo: l'ultimo anticiclone polare aveva portato aria a -50 gradi.
In più s'era aggiunta la sete: una beffa, sotto metri di neve, neppure una goccia d'acqua.

Nemmeno s'udivano più i colpi di tosse: venti militari giacevano a terra, consumati dal freddo e disidratati. Ora, con quel fuoco, avrebbero potuto sciogliere il ghiaccio e finalmente bere.
Pupazzi rammentò l'ordine del Comando, visto che sopravvivere, in quei giorni, era divenuta la priorità: "Raggiungere località Sauris -ad ogni costo-. Portare a termine operazione TALLA".
Ci avevano provato quelli dei Servizi Segreti, dieci mesi prima: l'ultima ondata glaciale li aveva

sterminati, lasciando tra i ghiacci, che continuavano ad inspessirsi, un telefono satellitare ed un paio di taccuini scritti in cinese.
Radunati gli Alpini ancora abili, sistemati gli infermi con il dubbio di ritrovarli ancora vivi, il Capitano Primo ed il Tenente Pupazzi proseguirono il loro cammino il giorno seguente.
Da sotto la spessa coltre di neve s'accorsero che qualcosa era cambiato: quell'acuto riverbero non era più così forte, probabilmente in superficie non splendeva più il sole, le nubi erano forse arrivate. Dovevano approfittare di quella corrente umida dall'Adriatico: se la temperatura fosse salita almeno a -25 gradi avrebbero potuto raggiungere la superficie e finalmente il loro obiettivo.
D'altronde, mancava solo una galleria da percorrere ma chissà cosa c'era là sopra!

I 'motopic' tornarono a martellare, alimentati dal carburante prelevato dal furgone: i Genieri erano all'opera, bucavano e sgusciavano in alto, come marmotte che cercano la Primavera.
La Primavera! Era il 12 Luglio, ed era Inverno da 20 mesi!
20 lunghissimi mesi in cui le temperature erano precipitate, ogni giorno di più, con tre ondate polari che avevano sterminato il Nord Europa e tutta la fascia alpina. Il Nord America aveva visto scomparire la popolazione canadese in un paio di settimane. L'Alaska aveva resistito di più, grazie ad una corrente calda che si era mossa dal Messico, complice la bizzarria climatica globale: era divenuta un enorme campo per i profughi provenienti dalla Siberia, attraverso lo stretto di Bering.
Poi anche dall'Alaska non giunsero più notizie: il 24 Febbraio la calata dal Polo fu devastante e

repentina, anche le comunicazioni satellitari cessarono di funzionare, l'elettronica non resistette alle temperature più basse mai registrate sul Pianeta.

Udine era spettrale: un unico blocco di ghiaccio, scendendo implacabile dalle Alpi, aveva amalgamato ruderi, tronchi ed animali, rendendo le strade impraticabili. Gli Alpini del Capitano Primo erano riusciti a raggiungere Ampezzo, approfittando di un'insperata clemenza meteorologica, utilizzando i mezzi invernali fatti scendere per tempo, in pianura, poco prima della catastrofe.
Impiegarono otto giorni a percorrere quei 70 km: le strade non esistevano più, proseguivano sulla neve, scansando montagne di ghiaccio, in un saliscendi imposto dalla geografia sconquassata.
I reparti alpini di Venzone e Tolmezzo erano stati annientati: le caserme erano impenetrabili, incassate nel permafrost mortale.
Poi, giunti in Carnia, iniziarono a fare i conti con una realtà spietata: transitata una veloce perturbazione, la temperatura crollò in un paio d'ore di circa trenta gradi centigradi.
L'ordine di ripararsi dentro i mezzi e di mantenere tutti i motori accessi venne dato per tempo: ma all'alba, quando si rese necessario alimentare i BV-206, il carburante stipato all'esterno congelò.
Due Alpini rimasero assiderati, nel giro di venti minuti, tentando di riscaldare un paio di barili con un fuoco improvvisato. Ne caddero altri sei nel giro di due ore, sinché alle mute di guardia venne data la consegna di mantenere accesi i falò e di starci attaccati, con i barili. Ma la lotta con il freddo durò altri quattro giorni: ripresero la marcia solo con tre mezzi dei dieci partiti da Udine.

Lasciarono ad Ampezzo gli uomini agonizzanti, con la certezza che il freddo non li avrebbe risparmiati. Ma ripartirono con un campo d'alta pressione che non lasciava scampo. Era impossibile stare all'aperto: dopo un paio di minuti la faccia, anche se coperta dal passamontagna artico, si copriva di ghiaccio. La morte sopravveniva per soffocamento: l'umidità del respiro non perdonava, ghiacciando nelle prime vie respiratorie.

Uscendo dal cunicolo, rompendo l'ultima crosta ed intravvedendo dalla prima fessura il refolo di gelo che scendeva implacabile verso di loro, gli Alpini ebbero paura.

Ma il Tenente Pupazzi sfondò con la pala lo strato di ghiaccio e si gettò all'esterno con due Alpini: corsero per una decina di metri, buttandosi dietro uno sperone di ghiaccio, alla luce di un debole raggio di sole filtrato tra le nubi.

Qui incendiarono immediatamente un paio di fumogeni, altri due Alpini li raggiunsero, gettandovi un po' di carburante e due pile di giornali. Provvidenziale fu trovare una massa legnosa aggrovigliata nella neve e nel ghiaccio: rovesciarono il falò su quell'enorme matassa.

S'accorsero che avevano fatto tutto in apnea e tossirono prima di respirare, non appena il fuoco iniziò ad ardere, creando tutto intorno zampillanti rivoli d'acqua che si trasformavano, dopo un paio di metri appena, in pesantissime stalattiti di ghiaccio.

Dalla galleria udirono strilli di esultanza ma anche l'ordine perentorio di chiudere il passaggio.

Il Tenente Pupazzi ed il Capitano Primo, urlando, si misero d'accordo per organizzare dalla galleria due piccole squadre.

Queste, spaccato nuovamente il coperchio di ghiaccio, sgattaiolarono da quella trincea

trascinando con sé più materiale possibile.
Il movimento che iniziarono era questo: si
defilavano in gruppetti di tre, avanzando verso
l'alto di massimo venti metri; qui incendiavano il
combustibile che avevano con loro, portandosi
anche pezzi di legno e fronde d'abete che
strappavano dal ghiaccio.
Così facendo, in un paio d'ore giunsero in vista
dell'obiettivo.
Erano allo stremo delle forze e due Alpieri erano
piombati giù nel canalone, cristallizzati dal gelo
mentre temporeggiavano, fatalmente, ad innestare
un ultimo chiodo di sicurezza sulla parete.
Quell'estremo sacrificio permise al gruppetto di
scavalcare l'ultimo baluardo, un pezzo di volta
della strada, crollata a ridosso dell'ultima galleria:
da qui salirono spediti, facendo due tappe 'di
fuoco' sul lungo costone di roccia.
L'ingresso della vecchia centrale idroelettrica era lì
davanti a loro, con l'enorme cancellata di acciaio:
la fecero saltare, stazionando dall'altra parte del
ponte dove accesero le ultime fiamme.
I due guastatori riuscirono miracolosamente a
tornare indietro, mettendosi al riparo
dall'esplosione e dal gelo.
La deflagrazione fu potente e crepitò lungo tutta la
vallata: si diffuse un'eco di umanità che rinfrancò
gli spiriti degli Alpini esausti.
Il tenente Valentino Pupazzi sapeva cosa fare:
aveva letto le informative su quei passaggi sospetti
di "cinesi, a gruppi di sei, otto o anche dieci
elementi" che raggiunsero Ampezzo ed "l'abitato di
Sauris di Sotto". Sapeva che qui, dentro la
centrale, avevano impiantato un laboratorio e
creata la galleria che raggiungeva il fondo del lago,
dove c'era il paese morto, la vecchia Sauris
coperta dall'acqua del lago artificiale.

L'operazione TALLA consisteva in questo:
raggiungere il laboratorio, scovare la galleria
sotterranea, eliminare chiunque vi trovassero,
"verificare la presenza della ruota e bloccarla,
rimuovendo il piccolo scrigno all'interno del
dispositivo".
Ai cinesi era scappato di mano quell'esperimento
epocale.
Ritrovare il diario di Engel Hönigen von Eisberg
aveva portato con sé una catastrofe immane.
I tedeschi l'avevano capito, per tempo, ma erano
stati eliminati dai cinesi; un drammatico incidente,
si disse: morirono tutti annegati nel lago.
Von Eisberg aveva tramandato, nel Seicento, al
tempo dell'esodo di queste genti bavaresi,
attraverso il Tirolo, sino appunto a Zahre (nome
germanofono di Sauris), l'antica filosofia dei druidi,
una tradizione orale che tramandava ricette, magie
e segreti che Engel Hönigen von Eisberg aveva
appunto annotato su un libriccino.
Il libriccino era andato perduto, sinché un
glottologo l'aveva scoperto, per caso, nel
sottotetto di un vecchio stavolo.
Quel paragrafo fu all'origine del disastro: "Qui ha
attecchito l'antica Alga, il nutrimento della
Wettermaschine".
E quel macchinario, alla fin fine, fu semplice da
replicare e l'equipe di linguisti, storici e botanici
fece la grande scoperta: "l'antica Alga" era diffusa
nei boschi di Sauris, importata da quelle antiche
genti che si erano chiuse tra quelle montagne per
secoli, con la loro lingua e le loro tradizioni.
Si trattava in verità d'un rarissimo licheno,
originario del Mare del Nord, che cresceva copioso,
ma solo qui, in lunghi filamenti cadenti dai larici.
Il suo colore biancastro, con venature violacee e
verdi brillanti lo rese subito riconoscibile agli occhi

degli studiosi.
Iniziarono in gran segreto, gli esperimenti: la centrale idroelettrica venne acquistata, col placet degli amministratori locali, dalla RCE (Renewable China Energy), venne ed allestito il laboratorio segreto.

Ora il Tenente Pupazzi si trovava alla testa di otto Alpini: entrarono, sconquassando tutto e accendendo piccoli focolai per fare luce e riscaldarsi; quindi tirarono dritto, scaraventandosi giù per i 181 gradini scavati nella roccia e nel lungo cunicolo.
Giunti in fondo, trovarono schiacciati ad un portone d'acciaio sette cinesi, morti congelati.
Non smossero i cadaveri, stavano anche loro per morire assiderati: posizionarono una carica, si misero al riparo e si aprirono la via.
Un vento fortissimo li fece cadere al suolo: era un getto d'aria caldissima che bruciava gli occhi.
Proveniva dal laboratorio, scatenato dall'improvvisa escursione termica: qui una ruota di circa sei metri ruotava sul piano orizzontale; aveva luci e display illuminati. Un incredibile tepore li fece quasi addormentare, iniziarono in breve a togliersi gli abiti più pesanti, un Alpino svenne. Trovarono tre cadaveri distesi su di un tavolo e due sedie.
La missione consisteva in questo: rimuovere TALLA, il nome antico di quest'alga dimostratasi micidiale, contenuta in un cofanetto al centro della ruota, che si muoveva piano piano.
Il Tenente Pupazzi si avvicinò risoluto, nonostante il fortissimo vento. Si guardò attorno e procedette a rimuovere dall'ingranaggio il piccolo astuccio con la misteriosa sostanza.
Tedeschi e Cinesi avevano costruito quella

macchina, scoprendo quell'antico segreto, per fermare il riscaldamento climatico, complici l'isteria di massa ed il business planetario.

Quell'intervento si dimostrò però catastrofico: eccedettero nel dosaggio, un grosso ciuffo di TALLA rese il sistema incontrollabile, con le funeste conseguenze che portarono alla morte tre miliardi di esseri umani.

Ora il Tenente Pupazzi, sotto gli occhi bramosi dei suoi Alpini, strappava quella piccola scatoletta.

Si udì allora uno schiocco e la ruota, la Wettermaschine, si fermò.

Dall'esterno, s'udì un tuono, l'atteso tuono d'un temporale estivo.

Vongola

S'aggirava sereno e distaccato, come una normale persona che stava andando al lavoro, al mattino presto.

Salì su una Golf scassata e uscì da quel comune parcheggio, senza fretta né indugi, abbassandosi sugli occhi, solo allora, un paio di sobri occhiali da sole.

Oltre agli occhiali, s'infilò sotto la coscia destra, sul sedile, la pistola che estrasse dalla fondina sotto l'ascella: in quel mentre incrociò una Fiat Punto con due figuri a bordo che fecero finta di non notarlo, come anch'egli fece.

D'istinto portò la destra verso la pistola, guardandosi in giro, ma non la tirò fuori: la Punto non si fermò e la Golf proseguì per una decina di chilometri, per entrare infine in un vivaio.

Scese dall'auto, s'introdusse in uno sgabuzzino e ne uscì infilato in una tuta da lavoro grigia; si mise quindi ad armeggiare con piante, vasi e fiori per tutto il giorno: si dimostrava molto autonomo nel suo lavoro, dando prova di capacità ed esperienza, lasciando ai due titolari del vivaio principalmente la parte amministrativa del lavoro.

Oltre alla pausa pranzo. durante la quale si mangiò un panino portatosi da casa, il suo lavoro, la sua giornata lavorativa ebbe un un'unica pausa: "So che sei stato tu, gli altri due hanno già confessato, ti conviene sputare l'osso e consegnare i soldi, a questo punto solo qualche attenuante ti può far evitare un lungo soggiorno...", sbraitò il Tenente Pasqualetto, sbucato fuori da dietro una dracena.

Ma quell'uomo qualunque -questo sembrava- non fiatò, masticò per bene il boccone che aveva discretamente addentato e rivolse il panino al suo interlocutore, offrendogliene un pezzo, sia a lui che agli altri due carabinieri."Questa volta ti becco, sai. Ti spacco le ossa e mettiamo tutto in conto... perquisitelo!".
Della pistola nessuna traccia, nemmeno nello sgabuzzino: ma dal controllo vene fuori solo un portafogli con nemmeno 50 euro, una ricevuta di una giocata al Superenalotto e un mazzo di chiavi, apparentemente quelle di casa e quelle di un'auto, una Alfa Romeo.
Guarda caso, nel parcheggio la Golf non c'era più, sostituita dall'Alfa che, messa in moto, pareva molto più sprintosa di quel che apparisse.
E il Tenente Pasqualetto accennò quel gesto di stupore toccando con un dito la tesa del proprio cappello sollevandolo d'un centimetro sula fronte e lasciando scivolare una goccia di sudore da sopra l'orecchio sinistro.

Mentre Vongola, questo il soprannome di quell'uomo qualunque, filava verso casa, prima di tutto a far correre i propri cani, due irrequieti pastori australiani. Vongola: in verità era un nomignolo che pochi conoscevano ed usavano.
Se lo portava dietro dall'adolescenza, quando riusciva a stupire tutti in spiaggia, in riva al mare, dove la battigia bagnata è più molle, riuscendo con poche mosse dei piedi e delll'anca, che solo lui sapeva fare, a scomparire – con metà corpo, quasi fino a metà del torace- nella sabbia stessa: come una vongola.
Oramai era raro sentirlo appellare con quel nome: usava per lo più chiamarlo "bocia", "ceo" o "tarzan" (per una sua altra inusuale abilità, quella d'arrampicarsi sugli alberi).

Giunse a casa.
Abitava con la nonna, i suoi genitori, con la pensione,
si erano trasferiti in Spagna e Vongola stesso gli
inviava frequentemente cospicue somme di denaro.
"Non ho figli né vizi, voi mettete su un bel posto che
poi mi ci trasferisco anch'io!", così spiegava Vongola
tanta generosa disponibilità.
Parcheggiata l'auto sotto un breve porticato di legno,
andò a liberare i due cani che stavano seduti e
silenziosi legati a due robusti catenacci. Nel fare ciò
gettò la pistola, improvvisamente ricomparsa dall'Alfa,
avvolta in una vecchia camicia dentro il canile, nella
cuccia dei due cagnoni.
Salì quei pochi gradini dell'uscio di casa dando un
perentorio comando ai cani che misero di correre per
l'ampio terreno che circondava la casa, fissandosi
come due sfingi a lato dei gradini.
"Oh, meno male che sei arrivato, mi sentivo sola, ho
80 anni ormai, quei due cagnacci mi fanno sempre
paura...", "...E pensa allora quanto ti rendono sicura,
nessun brigante oserebbe avvicinarsi." replicava
Vongola, con un gran sorrisone da guance rosse.
Apparentemente viveva così: casa e lavoro. Nel tempo
libero andava a pescare, preferibilmente in qualche
canale di laguna ma il motoscafo che aveva, seppur
vecchiotto anch'esso, teneva anche il mare grosso.

Aveva alle spalle circa settanta rapine ai danni di
banche e uffici postali di provincia.
La prima galera a diciotto anni appena: un anno di
'Università' criminale in cella con un capobranco della
mala del Brenta gli fecero fare il salto di qualità.
Una razzia dopo l'altra in un interminabile 'guardie e
ladri tra i lussi più sfrenati ma, soprattutto, una
impensabile generosità con il prossimo, sia parenti che
amici.

"Ruba alle banche, che sono i veri ladri, per dare a chi ha bisogno", questo il commento più diffuso tra conoscenti e compaesani.
Dopo vent'anni di scorribande voleva chiudere in bellezza e si dedicava con due tre amici agli assalti ai bancomat: con l'acetilene, chiaramente, "sennò c'è l'aggravante del traffico e possesso di esplosivi", spiegava. Ma il gioco non funzionava quasi mai: per lo più sfasciavano l'edificio ed il bancomat saltava fuori intero.

Ne aveva di storie da raccontare, di aneddoti esaltanti, di confessioni imperdonabili.
Capitò per caso che un giorno di Settembre incontrò un giornalista, suo vecchio amico d'adolescenza, tal Valentino Pupazzi. L'incontro fu molto cordiale, tra vecchi amici 'sbarbi' di spiaggia. Non mancò Pupazzi dopo una serie di convenevoli di concentrare l'attenzione di quel colloquio sulla professione di Vongola che aveva più volte occupato le prime pagine dei quotidiani.
Vongola non mise le mani avanti ma dopo qualche dettaglio spiegò che doveva sentire comunque prima gli 'amici' e che tanti processi erano ancora aperti e che la prescrizione per una rapina a mano armata durava trent'anni. Allora si misero d'accordo per aggiornarsi, si sarebbe fatto sentire Vongola.

Lo mandò a prendere da un suo amico: un tarchiatello sui cinquant'anni, con un buffo foulard beige abbinato ad una magliettina rossa. In macchina non parlò ma fischiettò dietro alla radio. "Scendi e attendi vicino a quella bricola", ordinò a Pupazzi, dopo circa venti minuti di tragitto.

Dopo quella breve attesa rombò dal nulla un motoscafo: due uomini ritti a prua e, una volta avvicinatasi al molo, la bella barca mostrò Vongola, chiuso in una camicetta a maniche corte, pantaloni lunghi e cintura all'ultimo buco, a poppa, sorridente e quasi incredulo.

I due energumeni fissarono la barca alla buona al molo, uno scese, ripassò il giornalista con una serie di palpate alla ricerca di armi o microfoni, gli sequestrò il telefono che consegnò al tracagnotto sull'auto:

"Questo lo riprendi dopo, forse" e con un sol braccio issò Pupazzi sulla barca che, non avendo ormeggi fissi, riprese a a correre tracciando un ampio semicerchio in quella laguna, imboccando uno dei canali più grandi e scomparendo tra i canneti ed i cigni.

Mentre il motoscafo continuava a correre, finalmente Vongola si palesò a Pupazzi e gli fece cenno di seguirlo.

Si sedettero proprio sopra al vano motore in un frastuono assordante... "È per le intercettazioni ambientali", sentenziò Vongola.

Pupazzi capì subito che avrebbero potuto parlare di questioni scottanti nella massima riservatezza: ma perché Vongola avrebbe voluto lasciarsi andare a confidenze così pericolose?

Questo pensava il giornalista mentre il motoscafo iniziava ad addentrarsi a velocità ridotta dentro la laguna più lontana.

Era curioso che per non farsi sentire da eventuali orecchi indiscreti erano costretti ad urlarsi nelle orecchie...

"Ho iniziato a sedici anni, con mio zio: banche col taglierino. Andava bene all'inizio poi la tecnologia ci ha fregati... La prima banca, in paese: dopo la chiusura siamo riusciti ad entrare soffiando le chiavi al direttore al bar di fronte. Abbiamo lasciato impronte dappertutto -l'abbiamo scoperto dopo, credevamo di aver fatto un lavoro pulito – e i Carabinieri hanno sentito uno dei tre che era già stato identificato ma era la sua banca e giusto giorni prima c'era stato per alcune operazioni."
"Avevo così i miei primi sessanta milioni di Lire, non sapevo cosa farne e non potevo dire a mia mamma come li avevo racimolati. Iniziai così a imprestare o meglio, regalare, i miei bottini: a un parente che voleva aprire un negozio, ad un amico che stentava ad avviare un agriturismo, ad uno zio che doveva finire di pagare il mutuo della casa, a a quella ragazzina tanto volenterosa che voleva aprire un suo chiosco in spiaggia."
"Dopo una decina di colpi, ho fatto il primo da solo, al centro commerciale (rubando le armi alla Polizia locale): mi hanno inseguito per tre giorni ma i soldi non li han trovati. Mi hanno ficcato dentro allora per la prima volta, per un anno. Mi dispiaceva soprattutto per il crepacuore causato a mia madre ma, una volta uscita, avevo capito come vanno queste cose: tranne il periodo in Austria, il carcere è quasi una vacanza; e poi dura sempre meno di quello che si pensa, non c'è posto per tutti!"
"In Austria addirittura..."
"Ti parlerò di tutto tranne degli austriaci, son carceri nazisti..."
"Perché vuoi parlarmi delle tue imprese, chiamiamole

così?”
“Perché, perché, perchè..; chi fa le indagine le fa con i piedi, è ora che si sappia; e poi vorrei farti capire quanto la gente mi stimi per aver rubato alle banche, che sono i veri ladri, per dare soldi a chi ne ha bisogno....”
“Dicono che viaggi su cifre astronomiche, circa cinque milioni di euro...”
“Puttanate: pensa che se a una banca rubi mezzo milione, quella ne dichiara la metà! Lo fa perché girano capitali a nero, non pensare che lucrino sulle assicurazioni. E poi: in tutti i processi non mi mi hanno mai chiesto il denaro indietro, non ti sembra strano?”
“Effettivamente..., quindi son più di cinque, dieci..?”
“Non lo so in tutto quanto abbiamo fatto io e gli amici: so che gliela facevamo sotto il naso. Dico 'facevamo' perché ormai ho smesso, mi metto in pensione a quarant'anni, anche se è difficile perché la rapina è come un gioco, un gioco molto d'azzardo.”
“Parli di cifre enormi...”

“Il più va in avvocati: se prendi l'avvocato che costa di più, te la cavi, anziché dieci anni fai sei mesi. Facevi un colpo da cento milioni di Lire a testa? Cinquanta li davi all'avvocato ed eri a posto. Fai un colpo da 100mila euro a testa? Ne dai 50 -come con le Lire- all'avvocato più bravo e sei salvo, o fai pochi mesi o nemmeno entri in carcere, ci sono tre gradi di giudizio.... mi son fatto una certa cultura legale”.
“Ci vuole anche una certa psicologia: ad esempio studio il PM, raccolgo sempre informazioni su chi direttamente indaga su di me, le sue abitudini, gli hobbies, i passatempi, la famiglia.. e poi come presentarsi,... come vestirsi, ad esempio davanti al giudice è sempre meglio il grigio, lo rilassa e ti fa sembrare una persona a modo”.

"E' ora che si sappia quali porcate fanno i cosiddetti inquirenti, per questo sei qui..."

"Ho chiuso con le rapine, le banche han sempre meno soldi, sembrerei un ladro di polli. Ma mi addebitano una rapina di qualche mese fa alla quale non ho preso parte. Ci sono due amici che sono stati incastrati per altre rapine e sono già detenuti: hanno patteggiato anche per questa rapina, così hanno un forte sconto di pena ed escono subito di galera, perché risulterebbero implicati in colpi concomitanti... uno potrà avere anche un risarcimento per ingiusta detenzione di nove mesi... "

"Pasqualetto s'è fissato che io sono il terzo rapinatore: è assurdo, ero a studiare un colpo in Inghilterra. Tira in ballo addirittura un mega appostamento con i suoi carabinieri posizionati sul campanile del paese per un mese: chisssà quanto ha speso anzi, ci ha fatto spendere in appostamenti. Ma quelli fanno così non sanno fare indagini".

"Sai com'è che mi han fatto fare il primo anno quando avevo diciotto anni? In una stazione di carabinieri vicino a Padova mi interrogarono così: uno faceva domande e l'altro, da dietro, mi sbatteva il registro, un mega librone da tre chili, in testa. Davanti alla PM, senza un avvocato. Tutte quelle librate m'han fatto diventare scemo per due settimane e ho firmato tutto quello che volevano loro."

Nippon love

SHIRO aveva fatto le ore piccole, mangiando SUSHI e SASHIMI, in un giardino, giapponese, nel centro di OSAKA.

S'era attardato ancora con gli ultimi prelibati SAKE, in un localino vicino all'area portuale; s'accorse in tempo che ne aveva bevuti parecchi, tanto che non riprese la sua KAWASAKI ma rientrò comodo-comodo sulla HONDA di un amico sobrio.

Ora se ne stava a casa, sul suo TATAMI rosso, disteso a faccia in su, pensando a quella GEISHA che in ultimo gli aveva fatto l'occhiolino. Gli era rimasto impresso quello sguardo: gli aveva creato un fremito, esprimeva una profonda e sinuosa intesa. Almeno così gli parve.

Gli amici lo presero in giro,.. e tutti ci scherzarono sopra. A un certo punto SHIRO si sconfortò, pensando a MITZUMI, suo grande osteggiato amore. Pensò che gli ostacoli erano tanti e forse insormontabili: perse vigore e volle rientrare, comunque allegro, senza strafare.

Ora stava a casa; solo e beato faceva i conti col giorno passato e programmava quello a venire: tanto aveva due ore, dormire compreso! Proverbiali ritmi nipponici! Però stava bene, riusciva a nascondere il magone di fondo.., merito del SAKE!

Favoleggiando fiabescamente s'aiutava a dormire, lì disteso sul TATAMI a prendere il fresco, in mezzo ai tanti giovani BONSAI.

Non dormiva, stava nello ZEN che precede il sonno: osservava a tratti le ombre della KATANA ,degli avi SHOGUN, appesa alla parete e sognava la GEISHA dei "digestivi" sulla copertina dei MANGA più ricercati.

Liberamente dava sfogo alla sua fantasia, amalgamava il vissuto col presente e con i sogni, pensava a ciò che voleva, a ciò che gli faceva piacere, sottraendosi a quella filosofia del SUDOKU, che tanto lo faceva sentire un KAMIKAZE, se non addirittura un tAMAGOTCHI, in quel mondo di NINJA e sAMURAI.

A volte s'innervosiva per quei ritmi di vita e prendeva a deprimersi; altre volte lo agitava un pensiero: come in un teatrino, in un modernissimo KARAOKE, si trovava a recitare la sua parte che, sinora, non era mai stata da protagonista, tutt'al più da comparsa. Però fiutava odore di successo, di ambizioni realizzate e di fulgide certezze.

E questi pensieri ("sarebbe bellissimo...") aiutavano SHIRO ad assopirsi...

Aspettava l'ispirazione per spostarsi sul FUTON: anziché le pecore contava gli YEN che aveva speso, calcolando quanto gli restava in tutto. Non era certo il caso di far HARAKIRI: s'eran visti tempi ben peggiori.. stava dignitosamente..

Si stava assopendo,.. quando.. udì uno scricchiolio... e, d'improvviso lo scosse il fragore d'uno TSUNAMI...

Salì in piedi, avvolgendosi felinamente nel lenzuolo, quasi fosse un mutandone da SUMO; non esitò e si lanciò verso la porta scorrevole pensando "BANZAI!".

Ma.. si immobilizzò, scorgendo MITZUMI al di là del paravento: improvvisamente apparve... era lei, che attendeva timida sulla soglia, intrigante e sensuale. Qual magnifica sorpresa!

SHIRO risentì lo TSUNAMI e s'accorse.. ch'era il suo cuore che batteva!

Si lanciò verso di lei e, con mossa di KARATE, le sferrò un bacio.

Lei sorrise; rispose col JUDO e si slacciò il KIMONO.

La rugiada accarezzò i fior di LOTO.

(ARIGATO)

Intervista a me stesso

… Per rispondere a tanti amici lettori che pongono certe domande…

Scrivi inchieste, denunci misfatti e segnali anche ingiustizie, perché?
Perché son fatto così. Soprusi, ruberie e 'schifezze' varie mi irritano. Lo spreco di denaro pubblico anche… il mio lavoro consiste nel rappresentare queste amare realtà all'opinione pubblica. Non sono uno che fa pubblicità. Il mio motto, quello del mio giornaletto on-line, è video meliora proboque, deteriora sequor: si, mi piacciono sicuramente le cose belle ma io indago, devo indagare, sui fatti peggiori. Per questo sono, fieramente, un pluri-indagato per diffamazione a mezzo stampa: ma qui è colpa della legge italiana che non sanziona le querele temerarie e non equipara il giornalista, nell'esercizio delle sue funzioni, ad un pubblico ufficiale…

Ma chi te lo fa fare?
Me lo chiedo costantemente: la mia è una nicchia informativa sinceramente pericolosa, intricata e scarsamente remunerativa. Subito, però, arriva una e-mail, un messaggio di complimenti, di ringraziamento, di stima. Certamente, ne arrivano tanti altri di critica, anche di odio vero e proprio, se non addirittura di minaccia. Ho imparato negli anni a non pensarci sopra più di tanto; fanno tutti così, appena cogli nel segno, iniziano a impallinarti con insulti, querele, danneggiamenti: è una verifica implicita del mio lavoro… Diciamo che il più del mio lavoro consiste proprio nella verifica, cosa che altri che danno notizie non sempre fanno: poi io sono curioso di natura, attento ai dettagli, pignolo, anche noioso. Cerco sempre informazioni, indizi… ma spesso capita che

siano essi a cercarmi!

Perché parli di mafia, cos'è la mafia?
<u>Mafia</u> è un sovrumano sistema, diffuso ovunque, non necessariamente organizzato, tipo Cosa Nostra. È un modo di pensare e di agire, di stampo predatorio sicuramente, che pervade ogni stratificazione della società, intesa come gruppo di persone e come gerarchia di poteri. Contestualmente, è la negazione del diritto, della legge intesa come il vecchio "ordine costituito". La mafia ha proprie leggi che però non sono quelle dello Stato: sono le leggi dell'egoismo, dell'iper-individualismo, del beffardo arricchimento a discapito del lavoro. L'humus sociale contemporaneo è per questo terreno molto fertile per la diffusione della mafia: la mafia si diffonde dove manca il senso civico, dove manca la certezza del diritto, dove lo Stato rappresenta una mera ipocrisia, una stentorea propaganda di ciò che dovrebbe essere e fare ma che invece non è e non fa. E, ovviamente, attecchisce dove c'è denaro. Non c'è mafia senza denaro, sembra banale ma il denaro è il potere della mafia, è la sua droga. Forse ha ragione Beppe Grillo: l'Italia è permeata di mafia, se facciamo le Olimpiadi a Roma, probabilmente i mafiosi vanno a nozze.

Hai lanciato nei mesi scorsi pesanti accuse che lasciano intuire che la mafia travolge tutto e tutti, anche le istituzioni come la Giustizia…
L'Italia è un relitto, il fantasma di un Paese: la crisi sociale in atto -e quella economica che le ha dato il maggiore impulso- è una faccia della stessa medaglia. L'altra faccia è proprio la mafia che sovrasta il merito, l'abnegazione, il lavoro, l'ordine, la rettitudine, il bene comune. Noto -e tanti lettori (cinque mila al giorno) o informatori me lo documentano ampiamente- che è proprio la mancanza di Giustizia, con la 'G' maiuscola,

quella certa, tempestiva e assoluta (ab-solutus, sciolto da vincoli) a incentivare il fenomeno mafioso che detta le proprie regole e si fa giustizia da se.

Qualche esempio?
Però senza fare nomi: ho toccato alcuni nervi scoperti e le ripercussioni sono in atto, per quello sto spostando le mie esternazioni dal giornalismo alla letteratura: con i racconti di fantasia si riesce a dire molto senza andare in Tribunale...
Giusto quattro anni fa (il 6 settembre 2012) venivo aggredito, dopo una serie di minacce regolarmente denunciate, da due mafiosetti, in Sicilia. Tentarono di farmela pagare per le mie inchieste che svelarono un loro commercio fraudolento, successivamente verificato -ma debolmente sanzionato- da un'approfondita operazione dei Carabinieri. Per inciso: io impiegai un paio di settimane per 'chiudere il cerchio'; lo Stato ci mise due anni e a tutt'oggi pare non aver risolto nulla, è rimasto tutto ancora allo status quo ante. E già questa, per un giornalista d'inchiesta, è una vittoria di Pirro...
Ebbene: i due vigliacchi mi hanno assaltato, letteralmente, in un bar, nel tentativo di picchiarmi e di scassarmi il mio computer. Casualità volle che contemporaneamente si erano avvicinati due Carabinieri. Vi fu uno spettacolare parapiglia in cui io me la cavai con una sberla in faccia, un Carabiniere finì disteso su un tavolino ed un goffo malvivente precipitò su una madre che allattava, seduta ad un altro tavolo, la sua piccola bambina. Io presentai, su richiesta degli stessi Carabinieri, regolare denuncia dell'accaduto. Ed i Carabinieri sentirono numerosi testimoni. Sono passati quattr'anni: non solo non mi è mai stato notificato nulla dalla Procura di Trapani (fissazione d'udienza? Condanna dei rei? Archiviazione?) ma, addirittura, non risulta esservi

nemmeno il fascicolo. Marco Travaglio ha scritto "E' Stato la mafia"... mi trova d'accordo.

Ma non è finita qui: i mafiosi impuniti, resi ancor più forti della loro impunità, se la presero con i miei famigliari, due anni più tardi. Purtroppo, nello stesso luogo della mia aggressione, nell'agosto 2014, mia moglie incinta e i miei, allora, tre piccoli bambini, vennero aggrediti, insultati e spintonati dal vigliacco mafioso.

Lo shock fu enorme: io non ero nemmeno presente, la situazione era divenuta insostenibile. Ebbene: ebbimo difficoltà addirittura per presentare regolare denuncia (pur essendo accaduto tutto davanti a due vigili urbani che si sottrassero ai loro doveri vaneggiando di una eventuale loro incompatibilità come testimoni ed, eventualmente, estensori della denuncia).

E che fine fece quella denuncia? Paradossalmente mia moglie non è mai stata contattata da 'sta Procura di Trapani: da ricerche effettuate, risulta che io risulto addirittura indagato assieme al noto e recidivo aggressore.

Ma che Giustizia è questa? Che Giustizia è quella che fa si che io, cittadino italiano, non possa passeggiare per quella piazza e strade limitrofe perché c'è sempre un mafioso folle in agguato? E, infatti, da due anni evito pienamente quella zona: quindi, tornando al discorso della Giustizia italiana, la limitazione della libertà ricade sulle persone offese, quelle con la schiena diritta, non sui delinquenti...

Alcuni giornalisti seguono programmi di protezione...
Diciamo così: in Sicilia ho affrontato, per almeno sei anni, una serie di lunghe e dure inchieste che svelano quanto in verità questo territorio sia indietro di un migliaio d'anni e sia costantemente sotto controllo di Cosa Nostra e permeato di spirito mafioso. Ho rischiato grosso, ho subito una serie di

danneggiamenti che nemmeno ho perso tempo a denunciare… Addirittura ho verificato, nonostante conforto e vicinanza di tanti amici, che persone a me 'affini', hanno adottato nei mie confronti quei sistemi prima denigratori, quindi intimidatori, quindi di disturbo, lesivi ed aggressivi, sino ai fatti compiuti, tipici del mafioso messo alle strette. Una pugnalata definitiva, in un certo senso mi ha aiutato a decidere, a tirare le somme. Mi spiace dirlo ma… in Sicilia non ci posso più andare.

È normale? È un Paese civile? Pensiamoci un attimo: un giornalista scopre qualcosa, lo scrive e, conseguentemente, non può più circolare liberamente perché gliela vogliono far pagare.

In Sicilia c'è molto da 'fare', purtroppo: e, secondo me, la soluzione non può essere affrontata con democrazia, diciamo così…

Lo stereotipo siciliano, quindi, lo confermi?
Direi lo stereotipo italiano: perché la mafia è da Sud a Nord. Ha forme diverse. Giù è violenta, magari, oltre che conclamata. Al Nord è più silenziosa e viscida: ti lasciano senza lavoro o arrivano comunque, anche qui, nelle aule di Giustizia, non solo con le liti temerarie fatte apposta per imbavagliare la stampa.

Faccio il secondo esempio, per risollevare il morale ai siciliani. C'è un cretino che mi deve parecchi soldi da ormai sei anni: in primo grado il giudice ha confermato pienamente le mie ragioni, applicando con lento algoritmo (tre anni) il diritto, la legge punto per punto.

In appello, formalmente, idem: ma dopo ulteriori due anni e mezzo (!), il giudice ha saltato alcuni punti, forgiando una sentenza equivoca e suscettibile di mille interpretazioni, tant'è che non si riesce a calcolare un esatto importo del dovuto, comunque dimezzato rispetto alla prima sentenza, "riformata" -ha detto così

il vile ometto nella sua introduzione- "in considerazione dell'eccessiva generosità del giudice di primo grado" -ho ovviamente la registrazione audio-.
Io non credevo alle mie orecchie: un giudice ha criticato l'altro giudice che ha semplicemente applicato le norme per una presunta sua "eccessiva generosità", affermando l'assoluta incertezza, di fatto, del nostro Diritto, lasciando intendere che ci siano giudici più o meno generosi.
Ma qui è evidente quanto sia ipocrita 'sta Giustizia: un giudice lamenta pubblicamente l'eccessiva generosità di un altro giudice... Poi, magari, fa clamore la notizia che un giudice si suicida...
Poi scopro, senza nemmeno tante difficoltà, che il signor giudice è amico dell'amico, per così dire, che addirittura è stato pagato per una conferenza (sul tema della giustizia!) dal 'padrino' del debitore 'graziato' in appello...
E intanto, passano gli anni, si accrescono le ingiustizie e vince il sistema mafioso: perché, pur avendo le prove, non mi fido a fare nome e cognome di questo giudice. Perché, in primis, mi querelerebbe all'istante; secondariamente, c'è in ballo la Cassazione e... non vorrei trovarmi, dopo sette-otto anni, con un pugno di mosche in mano-
Perché questa... è la mafia, bellezza!

FINE

www.ingramcontent.com/pod-product-compliance
Lightning Source LLC
Chambersburg PA
CBHW050928260726
48660CB00001B/463